未来已来

中国新质生产力青年访谈录

都市快报 九千光年小组 编著

浙江科学技术出版社·杭州

版权所有　侵权必究

图书在版编目（CIP）数据

未来已来：中国新质生产力青年访谈录 / 都市快报九千光年小组编著. -- 杭州：浙江科学技术出版社，2025. 2. -- ISBN 978-7-5739-1653-2

Ⅰ. F120.2-53

中国国家版本馆CIP数据核字第2025Z9D865号

书　　名	未来已来：中国新质生产力青年访谈录	
编　　著	都市快报　九千光年小组	
出版发行	浙江科学技术出版社	
	杭州市拱墅区环城北路177号　邮政编码：310006	
	办公室电话：0571-85176593	
	销售部电话：0571-85176040	
	E-mail：zkpress@zkpress.com	
排　　版	浙江新华图文制作有限公司	
印　　刷	浙江新华数码印务有限公司	
开　　本	710 mm × 1000 mm　1/16	印　张　14.25
字　　数	206千字	
版　　次	2025年2月第1版	印　次　2025年2月第1次印刷
书　　号	ISBN 978-7-5739-1653-2	定　价　78.00元

策 划 人　吴　山	责任编辑　陈宇珊	责任校对　李亚学
责任美编　曹莞君	责任印务　叶文炀	

如发现印、装质量问题，请与承印厂联系。电话：0571-85155604。

2023年9月，习近平总书记在黑龙江考察调研期间首次提到了一个新词：新质生产力。它是以新技术深化应用为驱动，以新产业、新业态和新模式快速涌现为重要特征，构建起新型社会生产关系和社会制度体系的生产力。

半年后，"大力推进现代化产业体系建设，加快发展新质生产力"被写入了政府工作报告。

恰好在同一时间点，都市快报、橙柿互动推出了全新的公共新闻产品"九千光年"，跟着90后、00后看世界、探未来。当有无限可能的青年群体遇到新质生产力，会摩擦出怎样的火花？

于是，就有了持续至今的"新质生产力青年"系列报道。

从2024年3月推出至今，九千光年小组已经陆续采访和报道了35位新质生产力青年，本书呈现的是其中一部分。他们大多是80后和90后，聚集在杭州，充满活力，是各自领域的创新中坚力量。

随着对这一群体的深入报道，关于新质生产力、关于创业创新青年，都有了更加生动、具象化和可触摸的呈现。

一

新质生产力的概念很新，却并不遥远。

对30岁贵州小伙刁银江来说，新质生产力就是装在他脑子里的微型刺激器。靠着它，纠缠了10多年、被称为"不死癌症"的癫痫"老实"了。这款刺激器由佳量医疗研发，整合了多项先进的创新技术，这些技术都以专利证书的形式挂在了公司大厅的显眼位置。

对杭州城西的很多员工来说，新质生产力就是点点手机就能喝到10多公里外的咖啡，整个过程由迅蚁科技提供的无人机配送，耗时只需几分钟。迅蚁科技在低空领域已经探索了9年，直到2024年才算真的站上了风口。

对很多游戏爱好者来说，《黑神话：悟空》就是新质生产力。作为国内首款3A大作，该游戏拿下了号称"游戏界奥斯卡"的游戏奖（TGA）的"最佳动作游戏奖"。主创团队游戏科学十年磨一剑，填补了行业空白，直面天命、终抵灵山。

……

新质生产力既是对新技术的积极拥抱，也离不开团队的长期打磨、技术的持续迭代和经验的持续积累。

正如李强总理所说，人工智能是发展新质生产力的重要引擎。许多新质生产力的发展已经和AI紧密相关，并且在这轮AI浪潮的赋能下有了更多可能。

接到老东家阿里巴巴集团（以下简称"阿里"）两亿元投资的精准学，通过AI老师解决学习机缺乏互动的痛点；水母智能通过拥抱AIGC（人工智能生成内容），为漫画创作者提供了一系列AI工具；酷家乐用AI服务全空间场景，让未来生活所见即所得……

这些"人工智能+"的广泛应用尝试推动了新产业、新业态和新模式的快速涌现。不久前，中央经济工作会议也提到了2025年工作的重点之一是"开展'人工智能+'行动"，这些正在发生的真实案例具有一定的参考价值。

在许多案例里，都提到了"卡脖子"问题。放在国际关系复杂的大背景下，不少新质生产力对标的就是国外头部企业，啃的是硬骨头，甚至是像芯片一样，几代人都啃不下来的硬骨头。

例如，宁波小伙钱旦的新材料涂层技术就源自五代科研人的传承积淀，经过 50 余载的持续投入，终于拨云见日，从追随者一举成为引领者。

二

本书收录的 25 位新质生产力青年从事不同的行业，既有创业者，也有科研人员和大国工匠。他们的学历和工作背景多有不同，但敢于和善于创新，相关技术和经验可以复制，惠及行业和大众是他们的共同点。

其中，创业者占比最高，这也符合杭州创新活力之城的特点。尤其以"浙大系""阿里系""海归系""浙商系"最为活跃，它们分别代表了科研力量、模式创新、国际视野和精神资本的传承。四股力量在政府负责阳光雨露、企业负责茁壮成长的环境里，互为补充，相得益彰。

生于 1995 年的倪楚君，有着令杭州父母羡慕的经历：一路从文澜到学军再到浙大，年纪轻轻就以第一作者的身份在《自然》杂志（*Nature*）上发文，并被浙江大学医学院附属第二医院特聘为研究员。她发现的新材料特性有可能广泛应用于生物医药领域。

和倪楚君一样，这些青年里不少是从浙大毕业的，这也与浙大"求是、创新"的校训相契合。比如，正在用着当年马云办公室的云途科技创始人储翔，本科和研究生都就读于浙大物理学院。靠着血液里的"推导"习惯，他找到了一条"冷门"赛道，自主研发传感器和软件安装在社会车辆上，帮助市政部门 24 小时检查道路健康状况。

储翔的计算机启蒙是在小学三年级，相似地，知衣科技创始人郑泽宇从小就参加计算机竞赛，拿了不少奖，并因此被保送至北大计算机系，后来又到卡内基梅隆大学攻读计算机硕士学位，在那里结识了如今从事人工智能研发的妻子。

早早接触网络，从事计算机相关专业研究，刚好赶上了大数据、人工智能飞速发展的时代——这是许多新质生产力青年的共同特点。"海归系"中，仅从卡内基梅隆大学毕业的就不止郑泽宇一人。

他们的另一个关键词是"勇敢"。曾在2017年就被《人民日报》点名的周舒扬，放弃了7年的从医经历，"从0到1"开始创业，从一名善于画画的医生变成了医学可视化生态的构建者。这是跳出舒适圈、追求梦想的勇气。

终于等来"低空经济"风口的章磊，则是敢于在一个陌生领域蛰伏9年。新型冠状病毒感染疫情期间，他手里的无人机成为医疗急救物资的黄金渠道。

1992年出生的曹哲厚正在从事细胞培养牛肉的研发，尽管遭到许多人的不解，但他认定了用技术手段可以做出媲美真正牛肉的"人造肉"，届时可以缓解养牛对地球环境的伤害。

三

以这群新质生产力青年为样本，不难发现，当曾经被放在放大镜下观察的"Z世代"找到了自己为之奋斗的目标，所发出的能量是巨大的。他们有良好的教育背景，从小互联网就给他们提供了广阔的视野，经济高速发展为他们创造了快速成长的环境和创业、就业机遇。

28岁的刘绍勇已经是西子航空的"老师傅"，他参与了国产大飞机C919项目，可以坐着自己参与打造的飞机上天；90后女生叶田田在国外留学期间专攻生物信息数据分析，最想了解的基因之一是老家湖州的罗氏沼虾，于是带着"能不能回国做点事"的想法进入了湘湖实验室；从大学就开始接触"图学习"的张志强，没想到有一天能将所学知识用在支付宝里，轻松影响数亿人的生活……

他们三个人所在的领域恰好与浙江正在大力培育的高端制造、人工智能等产业，以及建设、培育国际一流的科研机构相契合。

城市与青年群体存在天然的相互吸引力。这些年，全国主要城市纷纷开打人才争夺战，把抓住青年人才的红利摆到十分重要的位置，吸引人才的政策不断加码。从武汉启动"百万大学生留汉计划"到多个城市推出"送钱、送房、送户口"这样的"优惠三连"，青年人才往核心城市聚集的趋势愈发明显。

早在2022年4月，共青团中央联合中共中央宣传部、国家发展改革委等十七部门印发相关意见，开展青年发展型城市建设试点，促进青年高质量发展，让城市对青年更友好，让青年在城市更有为。

在吸引青年这件事上，杭州近些年领跑其他城市，在人才净流入率、海归人才净流入率、互联网人才净流入率等多项指标上均位于全国前列。2022年，年轻群体占杭州人口流入比更是高达93.42%。

以郑泽宇、曹哲厚、曹鹏等为代表，许多新质生产力青年是通过杭州市海外高层次人才创新创业大赛被吸引到杭州的。2024年恰好是大赛的第十届。十年里，大赛吸引了全球超过12000个项目参赛，近400个项目在杭州落地创办企业，注册资金超过30亿元。

当这些奋斗在新质生产力发展一线的青年得到施展空间后，自然而然地吸引了另一批青年的到来。无论是曹哲厚还是郑泽宇，他们公司里的员工几乎都是90后和00后。

从这点上看，新质生产力青年本身就是打造青年发展型城市的动力来源。

编者

2024年12月

2	叶田田：解锁水产育种"基因密码"
8	郑泽宇：用 AI 算法洞察时尚潮流
16	倪楚君：以一作身份在《自然》发文的 95 后姑娘
22	章磊：用无人机构建低空物流网
32	曹哲厚：把细胞变牛肉的环保先锋
40	周舒扬：跨界创业，将医学与艺术完美融合
50	储翔：让天下没有难走的路
58	刘绍勇：打造国产大飞机 C919 的"生命之门"
66	张志强：用图技术守护支付安全
72	赵晋：在显微世界中探索肺移植奥秘
80	林峰：互联网大厂技术大牛养出黄鱼界的顶流
90	罗卫波：推动健身器材智能化转型
98	李涛：深耕 3D 视觉，让 AI 拥有人类的"眼睛"

104	苗奘：减少 50% 的制作环节，助力 AI 漫画商业化
112	应李一：以电商宣传模式，推动水果玉米品牌化
120	王天：让外骨骼机器人成为新器官
130	钱旦：涂层技术的革命性突破
138	陈航：用云设计超车美国软件巨头
146	王磊：把糖做成衣服，引领环保创新
154	杨仁斌：用大模型解放中小学生家长
164	曹鹏：脑机接口技术攻克癫痫难题
174	楼畅：革新美业，设计带 AI 算法的"梳子"
180	张仁杰：从 AI 科普到影视制作
190	陶苏萌：把博物馆中的文物摆上餐桌
198	冯骥、杨奇：《黑神话：悟空》铸就国产 3A 梦
215	后记

探世界，看未来
寻找"新质生产力青年"

叶田田：解锁水产育种"基因密码"

邵　婷

"叶子的'叶'，田野的'田'，两个'田'都是。"

叶田田的自我介绍很简短。契合大众对于理科生的一般想象，她留着一头短发，穿着格子衫，脸上时常露出腼腆、温和的微笑。

她说自己的工作很简单，基本就是对着计算机和数据，像猎人一样从十几亿个 DNA 碱基对中寻找到优良性状相关的基因。

正如她的名字所携带的意象，这些单调、重复的数据又生长出无限的生命力，编织着生命的"基因密码"。

2022 年 6 月 14 日，浙江第十家省实验室湘湖实验室在杭州萧山成立。一年后，叶田田从美国学成归来，加入了湘湖实验室淡水水产核心种源创制团队。她说，自己想为家乡的水产行业和国内的生物基因工作，开发、验证好的工具和方法。

湘湖实验室

■ 90后科研团队攻破"卡脖子"技术

被聘为湘湖实验室首席专家之前,顾志敏在浙江省淡水水产研究所工作了38年,当了12年的所长,研究方向一直是新品种开发、健康养殖等方面。

谈到叶田田,他不吝赞美:"她很厉害!之前在浙江大学竺可桢学院求是班就读,又到哈佛大学完成了本科毕业论文,之后在加州大学河滨分校获得计算机硕士和生物信息学博士学位。我们很需要这样的人才!"

加州大学河滨分校,位于南加州的洛杉矶以东,以杰出的农学研究闻名全球。在读博期间,叶田田专攻生物信息的数据分析,分析的对象有很多,如人类、小鼠、拟南芥、酵母等。

不过,她最想要"捕猎"的基因之一,藏在老家湖州的罗氏沼虾里。带着想回国做点事的想法,2023年7月,她回到国内。就在她拿到湘湖实验室聘书的一周后,谷歌向她抛来了橄榄枝。

和叶田田差不多时间加入湘湖实验室的还有一批90后科研人才。"团队包

罗氏沼虾(图片来源于湘湖实验室微信公众号)

含 1 名科研骨干，3 名优秀青年，5 名博士后，靠他们挑大梁。"顾志敏介绍说。

除了和数据打交道，担任副研究员的叶田田、博士后揭育鹋负责采集样本，对罗氏沼虾进行抗病研究；副研究员严军军负责基因编辑；刘翠专攻饲料营养。

"他们的研究方向涉及整个产业链，意味着新品种出来以后，马上就可以应用。"顾志敏介绍，这个团队研发出罗氏沼虾、红螯螯虾两种液相基因芯片，在全球范围内都属首次，也顺道攻破了国外"卡脖子"的技术，"借助新的液相基因芯片，水产新品种培育时间能缩短一半，效率提升 40% 以上。"

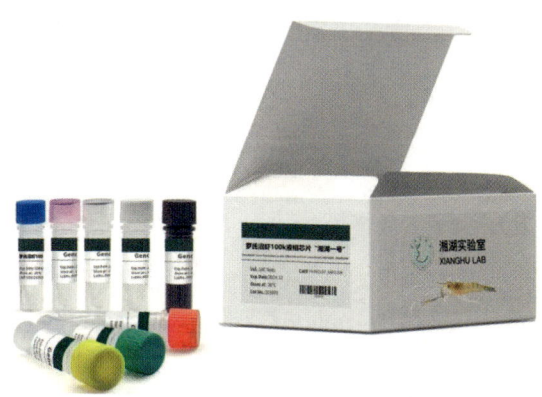

罗氏沼虾 100K cGPS 高精度液相育种基因芯片
（图片来源于湘湖实验室微信公众号）

■ 在数以亿计的碱基对里解开"基因密码"

生物的性状主要是由基因决定的，了解了基因就等于找到了深入了解并且改造生物的一把钥匙。最被大家熟知的，是 1990 年开启的人类基因组计划。

鱼类、虾类也是如此。水产品的育种，关键在基因。只不过，基因测序还只是"第一步"。罗氏沼虾有 30 多亿个碱基对，鳜鱼有 7 亿多个碱基对。从大量基因中初步筛选出来的相关性基因，其数量依旧是个不小的数字，如何进行进一步精准定位？

这就轮到叶田田出场了。她的日常工作就是建立数据模型，用计算机进一步解开一段段"基因密码"，将相关性基因准确地挖掘、定位出来。"我们通过建立数据模型，进行基因检测分析。比如，通过分析，我们检测到长得高大

实验室内景

的个体中,有几个基因出现频率比较高,就可以认为这几个基因跟生长性能相关。"她解释说。

精准定位特定基因后,就可以根据育种目标,利用基因编辑技术,"敲掉"或者"植入"相关的基因片段,以改良品种。

说起来似乎比较简单,但想要精准捕捉到特定基因通常要花费数以月计甚至年计的时间。"难点在于水产基因组的重复序列相对较多,尤其是虾类,一整套基因组上可能有很多片段是重复的,这对于测序拼装会是一个很大的挑战。"叶田田说。

即便如此,这种被称为"全基因育种"的方式正在取代周期更长、不确定性更强的传统育种,就好像用"高铁"逐步取代"蒸汽机火车"。

因此,像叶田田这样能掌握基因挖掘精准定位技术的人才,无论是在水产领域还是其他养殖领域,都非常欠缺。

■ 基因育种的成果已经摆在了大家的餐桌上

在顾志敏看来,如果不去开发新一代育种技术,仅靠捕捞野生资源,一是满足不了大众的消费需求,二是会对天然资源产生极大影响。

举个江浙人普遍能有感知的例子。这两年,育种技术的提升直接反映在你我的餐桌上。翘嘴鲌,又名太湖白鱼、银刀,是一种生活在太湖的淡水鱼类,因肉质细腻肥美,有着"天下第一鲜"的美誉。这道百姓桌上的珍馐,野生的价格在每斤二三十元。通过人工繁育,价格降到每斤十元左右。

现在，通过基因芯片技术把天然携带优良性状的基因提取出来，再结合人工繁育苗种、人工养殖、人工配合饲养，就能形成一个产业。

工作之余，叶田田会花大量的时间读文献，"我们需要了解国际上最新的算法和发展，包括现在用人工智能去做基因组相关的研究工作，发展速度非常快，我们也必须跟进这些发展。"

在她看来，人工智能对自然语言的处理，以及与人的对话这方面的发展已经非常领先，但对基因组还处于探索应用的阶段。"基因组和人类语言差别是很大的，所以不能照搬，但我们希望利用大模型和人工智能，进行基因组算法的训练。"

她期待，有一天能实现对基因功能的预测，通过一个片段，预测它的功能；包括在基因编辑方面，用大模型判断靶标与基因编辑酶结合、编辑的效率，以此更好、更快地筛选合适的靶标。

"好奇心强，想要探索未知，所以才来搞科研嘛！"虽然研究对象从人类、小鼠转向了相对冷门的水产，叶田田却依旧充满热情。在她看来，水产学科方向，研究人员相对较少，未知更多，也更具挑战性，且国内发展是领先于国际的，反而能取得更大的成就。

"对于咱们中国人来说，水产也是一个很重要的食物来源，我们很重视水产，所以我觉得反而能在这方面另辟蹊径，做一些重要且有影响力的工作，为水产学科进一步开发和验证好的工具和方法。"

时尚"天才捕手"

郑泽宇 85后 知衣科技创始人兼CEO

"预测流行趋势的时间单位,从以年计变为以周计甚至是以天计,及时反馈当下的流行趋势变得重要。"

郑泽宇：用 AI 算法洞察时尚潮流

童 蔚

回望 2015 年，不难发现，眼下人工智能掀起的新一轮浪潮，当时正埋藏在草蛇灰线里。

那一年年底，在马斯克、黄仁勋、彼得·蒂尔等一众大佬的注视下，奥尔特曼等人创办了美国开放人工智能研究中心（OpenAI）。另一家低调的 AI 创业公司深度思维（DeepMind）宣称，已利用深度学习生产出能自学玩很多视频游戏的计算机。一年后，他家的阿尔法狗（AlphaGo）攻下了人类棋类运动的最后一座堡垒……

在整个硅谷再次被深度学习照亮的前夜，湖南男孩郑泽宇也推动了命运的齿轮。他辞去谷歌高级软件工程师的工作，踌躇满志地决定回国创业，目的地：杭州。

时间回到今天，你对这个名字肯定依然有点陌生，但大概率为他和他的团队服务过的品牌掏过腰包：URBAN REVIVO（UR）、波司登、杰克琼斯（JACK&JONES）、蕉内……长期与代码打交道的理工男、流行时尚的"天才捕手"，两个反差极大的标签，被同时贴在了郑泽宇身上。

■ 流行可以被捕捉

郑泽宇和他的团队正在做的事，你可以简单地理解为，使用人工智能告诉服装品牌和设计师：什么款式最火，卖哪些款式最挣钱，并提供一站式服饰设计供应链服务,以此解决服装行业多年来款式和流行趋势多由"主观"决定的痛点。

"过去的5~10年,服装行业经历了非常大的转型,从传统期货订货制模式,变为线上线下相结合的'快反模式'。预测流行趋势的时间单位,从以年计变为以周计甚至是以天计,及时反馈当下的流行趋势变得重要。"郑泽宇说,背后的核心原因是消费者的诉求变了,"大家开始追求多样化、个性化的东西。"

简而言之,品牌和设计师都需要面对一个核心问题:如何快速又准确地把握目标消费者的需求和喜好?

这当然不是郑泽宇能回答的,但在这个社交媒体时代,他和团队可以时刻在网上收集成千上万的数据,再用算法提炼出想要的答案,及时推送给客户。比如,最近小红书上突然有许多关键意见领袖(KOL)在讨论一条裙子,这条裙子的信息就会被迅速捕捉到,拿到这些数据,客户就能"有的放矢"。

从知衣科技的"十八般武艺"里不难看出这家公司对数据和流量的嗅觉之敏锐。最早的知衣,主要是针对淘系平台的服装数据库;抖衣和知小红,顾名思义,就是抖音和小红书的数据库;美念则是设计师选品协作平台,可实现一键给服装打标签,还可一键图搜和灵感采集、云端讨论协作;炼丹炉为全行业消费品提供选品数据;而海外探款,主要提供亚马逊(Amazon)、拼多多海外版(Temu)、照片墙(INS)、抖音海外版(TikTok)等海外平台上的最新服装数据。

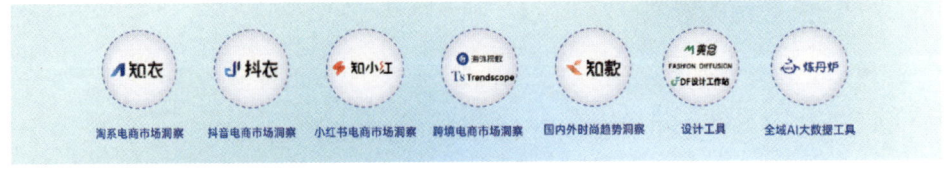

知衣科技产品矩阵

眼下,知衣数据库已积累服装图片素材超10亿个,结构化设计元素达到

分析维度	标签数量	准确率
品类	~30	~95%
纹理	~35	~90%
面料	~30	~80%
工艺	~30	~85%
廓形	~10	~80%
风格	~10	~80%
辅料	~20	~85%
颜色	~250	-
服装季节	~5	~95%
服装性别	~5	~99%
人脸种族	~5	~99%
服装属性	~5	~95%
通用目标检测	~100	~95%

知衣科技的核心竞争力——专利级别图像技术

千亿级。通过最新深度学习算法，1300多个专业标签的识别准确率超过90%，包括品类、纹理、面料、工艺、风格等10多个分析维度。

除了流行趋势，品牌商也可以时刻关注到细分市场的变化，方便更有效地进行决策。例如针对这两年爆火的大码女装，平台能为品牌商分析：该市场是否已经饱和？这个时候还能不能入场？

因为好用，知衣科技积累的客户数接近1万，已能覆盖国内80%以上的头部服装公司。"日活近90%，基本上每个品牌和设计师每天都会去平台上看一眼市场变化。"郑泽宇说。

■ 保送北大的"学霸"夫妻档

初见郑泽宇时，他穿着黑色摇粒绒上衣、黑长裤和一双运动鞋，戴眼镜，符合传统印象中理工男的形象，只是他更善于表达，声音洪亮，笑起来眼睛会弯成一道月牙，很具亲和力。

他的妻子温苗苗是知衣科技的CTO，和他一样是成色十足的学霸。两人的求学经历也十分相似。比如，都是保送北大的高才生，又同在卡内基梅隆

郑泽宇

大学计算机专业学习。在知衣科技的一面墙上，挂着多份夫妻俩一起获得的发明专利。

1988年出生的郑泽宇，计算机启蒙早于多数同龄人。还在念小学三年级时，他就被送进机房学编程。彼时，湖南当地一些学校的计算机竞赛氛围浓厚，在全国范围拿了不少奖，他的父母决定让儿子也试试。

于是郑泽宇的天赋开始闪耀。高二那年，他以全国信息学竞赛金牌的成绩，保送北京大学计算机系。本科阶段的四年，郑泽宇开始积极积攒阅历和经验，先后在北大数据库实验室、微软亚洲研究院、腾讯AI Lab实习，并在国际顶尖会议发表多篇学术论文。

其间，他还有过一次练手性质的创业：一个和个性化信息分发相关的项目。"将学校知识讲座、周边吃喝玩乐以及新闻资讯等信息分门别类整理后，每天编辑短信发送至不同的会员群体。顶峰时期，覆盖了全国100多所高校。"

他习惯于带着戏谑的口吻称这个项目为"早年的今日头条"。在那个时间点，张一鸣靠着一张画在纸巾上的思维导图，拿到了数百万美元的融资。

只是当时身在象牙塔的郑泽宇和伙伴们还属于玩票性质，一路"为爱发电"。当然，他肯定也想不到，日后和张一鸣会以另一种形式产生交集。

■ 服装行业的万得（Wind）

郑泽宇与杭州的缘分，源自在卡内基梅隆读书时参加过的一次创业大赛，当时大赛的赞助方是杭州本土的风投机构"赛伯乐"。后来，他入选了高新区（滨江）引进海外高层次人才创新创业"5050"计划，和合作伙伴来到杭州，创办了第一家公司才云科技。

才云的出现和 2015 年深度学习逐渐升温有关。谷歌将已成功运用到搜索、广告、地图等产品中的人工智能系统 TensorFlow 开源，降低了深度学习的应用门槛。

于是郑泽宇回国带队搭建了国内首个 TensorFlow 商业化的服务平台，帮助企业和机构实现智能化升级。2017 年，他还出版了《TensorFlow：实战 Google 深度学习框架》，该书至今仍被技术爱好者追捧。

当时，"互联网+"的概念方兴未艾，郑泽宇他们放眼望去，金融、能源、医疗等各个领域都是机会。他们甚至参与过一个火电站的阀门调节项目的数字化改造。

不过，接触越多，郑泽宇越觉得"时机未到"，"当时很多企业连基本的数字化都没完成，积累的数据都不够多，很难和人工智能结合。"而从他个人的优势而言，最可控的就是"算法"：如果找一个行业深度挖掘数据，利用算法优势是不是就能找到一条更适合的路径？

帮他找到这个行业的合作伙伴，是国内领先的电商红人孵化与营销平台如涵。

"他们希望我们把时尚行业里所有信息收集起来,并进行趋势分析,类似于万得这样的金融数据和分析工具。"2018年,郑泽宇自立门户,成立知衣科技。没过多久,才云科技被卖给了张一鸣的今日头条。

■ 帮助全球服装商家实现数字化改造

决定深耕服装行业后,郑泽宇就选择进一步在杭州扎根了,"服装行业集聚,同时互联网产业要发达,杭州是首选。"如今,知衣和在杭的头部多频道网络(MCN)机构几乎都有合作。不久前,他们还找到了AI领域的合作伙伴。

在生成式AI带来的新一波人工智能热潮中,知衣科技联手西湖心辰推出了面向服装设计行业的大模型FASHION DIFFUSION。该模型只需用户选择款式、颜色、材质等选项,等待10多秒,即可生成服装实穿效果图。

"该项目正在进行早期的适配,距离真正的商业化还有一定距离,尤其是可控性和个性化方面。"郑泽宇表示,未来这些工具都会交到设计师手里,帮助他们提升效率。

郑泽宇同时在考虑"出海"。针对海外品牌,知衣正在逐步推广英文版,"2024年算是出海元年,2025年希望能以更国际化的视野来做这件事。"

另一件重要的事情是进一步赋能供应链。在郑泽宇看来,就服装行业而言,新质生产力最核心的点是打通不同环节,最终像希音(SHEIN)一样,串联起行业里的千万小商家,帮助他们实现数字化改造。

他提到行业的最大痛点——"库存","其实库存是全产业链面临的问题,之所以会存在,是因为每个环节都可能面临决策失误,能不能用数据和上下游更好地连接来解决?"他希望知衣能够成为"起到这些作用的平台"。为此,知衣已经积累了全产业链的人才。

采访接近尾声时,会议室外突然传来一阵小骚动。原来是每周一次的外送下午茶时间到了，员工们纷纷放下手中工作，疾步朝着茶点而去。

"互联网公司嘛，氛围总要轻松点。"郑泽宇笑着解释。从创业初期的10多人起步，到现在全国有400多人，其中大多是90后。在不提倡"加班文化"的老板的影响下，这群年轻人在绝大多数时候能准时下班。

公司成员大合照

新材料"福尔摩斯"

倪楚君 95后
浙大二院眼科中心特聘研究员

"一个普通的塑料片……能够按照我想要的模式去运动,你不觉得这个超酷的吗?"

倪楚君：以一作身份在《自然》发文的 95 后姑娘

吴 双 孙敏慧 童小仙

浙大二院眼科中心实验室有一条长长的走廊，玻璃隔开了实验室和外界，实验室内整齐地摆放着各种精密仪器和实验用具。从实验室门禁走出来的倪楚君，与想象中的工科女不同，她看起来很甜美：戴银边眼镜，双眼有神，长发用花朵形发夹挽起。

出生于 1995 年的倪楚君，是浙大二院眼科中心最年轻的特聘研究员，享受教授级别待遇，专攻智能变形高分子材料的设计与开发。她被外界知晓，是因为以第一作者的身份在科研界的"珠峰"《自然》杂志上发表了博士毕业论文。

她是怎么做到的？

■ 土生土长的杭州姑娘和新型材料舒适地"打交道"

倪楚君是土生土长的杭州姑娘，一路顶着"好学生"的光环，在文澜、学军和浙大留下足迹。在高考填志愿时，她意外地选择了化工系，对此她这样解释："当时也不知道选什么专业好，金融、计算机是当时热门的，但我兴趣不大。个人对化学、各类材料比较感兴趣，就选了化工系。"

兴趣是最好的老师，在接触了各类课程后，她走入了"材料王国"，生活里普通的小物件都会成为她的观察对象。她常像福尔摩斯一样，思考这些看上去很简单的材料的背后，暗藏着什么玄机。其间，不少同学因为化工系就业前景不明朗选择了放弃，倪楚君一直坚持了下来，醉心于破解隐藏在各种材料背后的奥秘。

大二时，倪楚君报名参加了美国北卡罗来纳州立大学的暑期研究交流项目。在那里，她第一次接触到了液态金属，那是一种在室温下可流动且无毒的神奇的金属材料。从此，新型材料世界的大门向她敞开了。

研究生分组时，倪楚君选择了聚合所谢涛老师课题组，主攻智能变形材料的研究。"一个普通的塑料片，经过光、电等外界因素的刺激，能够按照我想要的模式去运动，你不觉得这个超酷的吗？"说起这些，倪楚君两眼放光。

在她看来，和新型材料"打交道"是件很舒适的事。

■ 探索一种全新的变形机理 给水凝胶装上"闹钟"

倪楚君发表在《自然》上的论文讲了些什么？

这篇题为"Shape memory polymer with programmable recovery onset"的论文，由浙江大学化学工程与生物工程学院的谢涛教授和赵骞教授团队共同研究完成，研究对象是一种特殊的水凝胶，它可以在自然环境温度下进行形状转变，而且是定时转变。

通常情况下，很多材料在受热后会变软、变形。但一次偶然的机会，倪楚君在前人研究中发现了一类新型水凝胶——不同于常规材料受热变软的性质，它在受热后会变得坚硬。她凭经验判断，这可能是一种潜在的形状记忆材料。

沿着这一思路，她开始了探索。一开始的实验中，这类材料的反应很慢，让倪楚君也有些怀疑。几轮实验下来，她终于摸清了这类水凝胶的"脾气"：它是一类具有延时变形特质的水凝胶——变形的确会发生，只不过必须度过一段"休眠期"。

更神奇的是，这种水凝胶具有复杂的"记忆"，不仅能记得之前是什么形

倪楚君发表在《自然》上的论文

状,而且"知道"什么时候要恢复。也就是说,它的形状回弹不仅是延迟的,还是定时发生的。

"你可以理解成我们给水凝胶装了一个定时闹钟,通过热编程时间的调整,在触发条件下,经过一段时间的休眠,它启动变形。"倪楚君解释说。

这就为新型材料的研发打开了全新的思路:只要植入"记忆",设定好时间,在室温下放置的水凝胶,也可以不需要人为介入改变外界条件,就能发生形变。

这样的"变形"材料可以广泛应用于生物医学工程、深空深海探测等领域,甚至还可以做软体机器人。

而对倪楚君来说，这一研究成果让她接到了来自故乡的橄榄枝。

■ 论文设想已经落地
接到浙大二院的橄榄枝欣然回家

从投稿到最后顺利在《自然》刊登，倪楚君用了快一年半时间，"被拒绝了好几次，中间修改、优化也花了不少时间。"

优化就意味着要进行数以千计次的实验，且大多数时候都以失败告终。"经常会想不到一个较好的方案，觉得很迷茫，看不见路的尽头。"倪楚君说，在这种时候确实会很丧气，觉得自己的能力不过如此。

不过，在感到压力大的时候，她倒是恢复了一个女生原有的生活节奏，去逛街、爬山、享用各种美食，以调整心态。和外界有更多的联结，就是她的"充电"方式。

因为水凝胶广泛应用于眼科，倪楚君和浙大二院眼科中心一直有合作。她在论文的具体应用中，针对干眼症设计了相应的定时变形器件。

"传统变形栓塞一旦植入泪道便因受热而不可控地产生变形，仅能实现部分泪道填堵，在长期使用过程中容易发生脱落。"浙大二院眼科中心主任、浙江大学眼科医院院长姚克介绍，"我们利用新材料定时特性，开发了一款全泪道定时栓塞，利用长期稳定的操作窗口填充整个泪道，并设置机械互锁变形能力进一步长效固定。"

换句话说，倪楚君的论文不仅是设想，还具备临床应用的转化潜力。看到她的研究与创新天分，浙大二院眼科中心向她发送了邀请函。"眼科向来不缺好医生，缺的是与好医生合作能让科研成果转化为临床应用的科研人员。"姚克说。

对此，想要回家的杭州姑娘欣然接受。

一直以来，眼科是个小学科，但属于医学领域中的创新高地。眼科生物医用材料的临床转化是医学领域最具活力的成长点之一。

虽然入职不久,倪楚君对未来已有了明确的规划:开拓一个自己的科研方向,寻求更多的跨界合作,申请中青年基金项目,发表更多高水平的论文,申请专利,转化科研成果……

倪楚君的导师谢涛教授评价她:有着这一代学生少有的韧劲,遇到问题会不断深挖。倪楚君对自己的评价是:"我不是那种聪慧的学生,但责任心很强,会在能力范围内努力做到最好。"

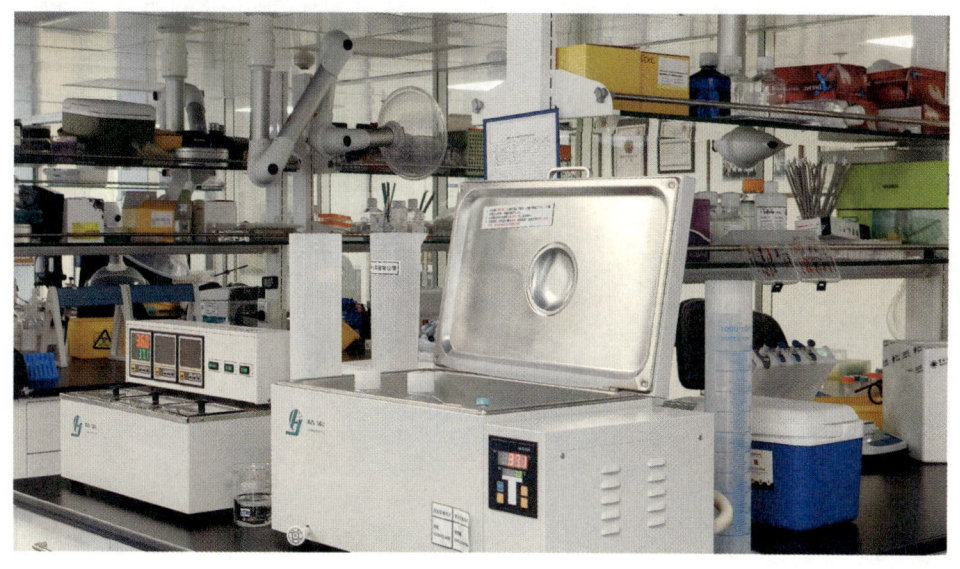

浙大二院眼科中心实验室(受访者供图)

低空"莱特兄弟"

章磊 84年 迅蚁科技创始人兼CEO

"如果说城市地面交通是二维的,那么空中交通就是四维的,除了高度,还有时间的可变性。"

章磊：用无人机构建低空物流网

童 蔚

春日的午后，你和家人朋友正在十里银铛徒步，突然感觉口渴，还有点饿。

于是打开手机，选择喜欢的店铺，点了几杯咖啡和一些点心。半小时内，无人机就会带着你的外卖来到你选择的地点。

这是杭州人、迅蚁科技创始人兼 CEO 章磊正打算撸起袖子干的一件事：无人机的全城即时配送。

想象一下，未来的城市上空，无人机沿着各自的航线穿梭其中，为你我配送外卖和快递，同时参与城市治理、环境监测、应急物资投放……

人类，从未停止过对于天空的向往和探索。1000 米以下的低空空域，正在受到前所未有的关注，勾勒出一个万亿级大市场。

城市上空的无人机

2024年开年以来,"低空经济"先是被写入政府工作报告,被视为发展新质生产力的新增长引擎,接着更是密集地迎来了相关利好。"低空经济发展元年"的说法不胫而走,A股市场上的"龙头股"万丰奥威2024年涨幅超过了230%。

对于行业突然变得热闹,深耕无人机物流第九个年头的章磊说:"机遇,千载难逢。"

■ 用无人机编织空中运输网络

很多人对无人机的印象可能还停留在"玩具"和"工具"的层面,比如用于航拍、用于表演。章磊则坚定地认为,它们能编织起未来城市的运输网络,缓解地面交通的拥堵。

因为火热的低空经济,他一手创办的迅蚁科技,正好站在了风口上。在接待完上一拨来访者,即将去见下一拨来访者的午间空隙,他抽出一小时,和我聊了聊他的"无人机物流梦"。

"电商的兴起和即时配送,激发了大家的物流需求。然而这种需求的供给端还是严重依赖于人,就如快递、外卖,一定程度上加剧了交通拥堵。"

当城市地面交通已无法扩容时,为什么不"飞"起来呢?

这个想法,在章磊心头萦绕多年。无数次站在高处打量这座城市,他脑海里不断浮现出无人机作为物流运输工具,飞行在城市上空的场景。"如果说城市地面交通是二维的,那么空中交通就是四维的,除了高度,还有时间的可变性。"

打开手机小程序下单,十多分钟后一架六旋翼无人机带着外卖从天而降,在起降点平稳降落后,顾客用手机扫码便可开舱门取餐。从2022年开始,这已成为浙江工业大学莫干山校区师生的日常,每天会产生100多个订单。

千里之外,在合肥骆岗公园露营的人,也能尝鲜无人机空降绳索领取外卖。

无人机送外卖

类似的场景还会进一步变多，章磊还想把配送范围扩大到 30 千米，配送时间缩短到 30 分钟内，实现无人机的全城"闪送"。

从送咖啡到运输医疗急救物资

章磊的办公场地位于余杭未来研创园，整个场地中，研发区域占了大头，随处可见各种型号的无人机和零部件，里头还有个迷你试飞场。在这之前，他和团队已经做了 9 年的无人机物流。

城市是他想大展拳脚的地方，崎岖山路、偏远海岛则是最初的试练场。2016 年，迅蚁科技自主研发的第一代无人机物流系统捷雁投入使用，并和中国邮政合作，在安吉开通首条"无人机邮路"，全长 10.5

无人机邮路

无人机送咖啡

无人机急救送血

千米的山路，10多分钟即可飞完全程；第二年又进行跨海配送的尝试，从福建莆田山亭镇出发，一路飞向湄洲岛。

2018年，章磊决定回到城市，快速切入无人机外卖配送这个面向消费者的场景，在梦想小镇、海创园等园区设置起降点。拼团模式下，一趟无人机能载8杯咖啡，配送费每杯3元。许多杭州人特地从主城区赶到余杭喝一杯"飞"过来的咖啡。章磊进出公司时，总能看到有人仰着头等外卖从天而降，公司门口成了网红打卡点。那年，这一场景还出现在刚满两周岁的未来生活节的现场。

一年后的10月，由中国民航局颁发的全球首张城市环境物流无人机试运行牌照（编号0001）到手后，章磊和团队开始在医疗运输领域发力。

这是一个刚需场景。2021年3月，全国首条常态化无人机急救送血航线在浙江省血液中心和浙大二院间投入使用，5分钟

浙大二院的"无人机血液配送站"

即可完成配送，运输时效提升60%。那年12月，无人机载着8个单位红细胞、1210毫升血浆跨越50千米，不到1小时完成配送任务，为抢救由车祸导致失血性休克的病人争取了宝贵的时间。

截至2024年3月，迅蚁已在全国23个城市开辟了193条常态化航线，飞行里程超80万千米，正向着覆盖百城的目标冲刺。其中，医疗急救应用场景最为广泛和成熟。

■ 儿时"蓝天梦"照进现实

和许多男孩一样，章磊从小向往蓝天。高考那年，他放弃保送的机会，选填北京航空航天大学、西北工业大学、南京航空航天大学三所高校，唯一报考专业都与飞行器相关。

2003年如愿进入北航飞行器设计专业后，章磊在那里度过了非常愉快的学习生涯。读博期间，他参与大型无人直升机的设计研发工作，积累起飞行控制系统设计方面的经验。

在校时，章磊发现，原本该送到宿舍楼里的快递被乱堆在楼下，他和同学们俯身寻找，费时又费力。通过机器完成配送是否会更高效和有序？这是他无人机物流运输想法的最初萌芽。

北航多年的学习经历，让章磊养成了注重细节、沉下心搞研发的性子。这些年，他除了是公司的CEO，还是技术研发担当，这些由他研发的技术最终形成一张张专利证书，展示在公司入口处的玻璃墙上。

公司宣传墙

员工集中办公区域的一块宣传板上，食指图案指向一行文字：2015年11月，配文"请回答2015"。这是迅蚁科技成立的时间。

2013年年底，章磊正就职于北京一家为航空研究所提供技术的软件公司。某日，一则名为"谷歌准备建立无人机队送货 挑战亚马逊"的新闻，引起了他的注意。

"蓝天梦"重燃，可如何实施，一时间并没有具体计划，直到章磊遇上北航飞行器设计专业的校友赵亮。回到杭州后，两人相约去龙井喝茶，其间越聊越兴奋，一拍即合，决定一起创业。

章磊想做一家无人机物流配送企业，这放在当时的大环境里显得有些冷门。他和合伙人东拼西凑了100万元，算是启动资金。

头脑风暴、做演示、反复实验……从研发开始，章磊就把办公室当成实验室，一头扎进去，几个月后便完成了无人机全自主智能控制技术研发，借助计算机视觉和组合导航，实现包裹的精准投放。

当年，余杭如今的地标建筑奥克斯中心所在地还是一片田地，风吹过来，混杂着泥土的气息，这正是章磊他们测试飞行的绝佳场所。

"当时借了楼上公司的场地进行面试，招进来的第一个员工，上班第一件事就是帮忙打扫办公室。"忆起创业初期的光景，章磊笑了。从两人组到80人团队，这9年间的点点滴滴深刻于心。

飞行器是他愿意一辈子打交道的东西，空域是他想去无限接近的地方，就像当年的"莱特兄弟"。

章磊

对话"新青年"

● **希望让杭州在低空经济的竞争中处于全球领先地位**

都市快报·橙柿互动：我看到您今天非常忙。低空经济首次被写入政府工作报告，这个行业一下子热起来了？

章磊：（2024年）年初至今，来访者一直在成倍增长。有想了解产品谈合作的，也有想取经寻找机会的，以及产业链上各种形式的对接。

整个低空经济的发展，包括新质生产力的提出，本质是不断提升生产效率，让社会以更高质量的方式发展。我始终相信，未来的城市一定会有立体化的空中交通网络。

我们从 2015 年就开始做这件事，只是现在叫低空经济，原来叫通航（通用航空）产业。与后者相比，前者少了距离感，可以让更多普通人知道它就在身边，可能就是一杯飞过来的咖啡，一抬头就有。

我跟我的团队讲，现在正在经历千载难逢的机遇，这个行业的春天已经来了。在这件事上，我们最大的优势是"笨鸟先飞"，希望通过努力，让杭州在低空经济的竞争中，能处于全球领先地位。

● 一两年内就能看到无人机参与大规模配送

都市快报·橙柿互动：无人机配送的消费场景，眼下都是小范围的，什么时候可以看到大规模落地？三五年够吗？

章磊：一两年可能就可以了。这事一旦开始，就会产生裂变，速度将非常快。

都市快报·橙柿互动：您觉得未来还可以应用于哪些场景？

章磊：在消费端，目前能送水、送生鲜、送文件、送生日礼物、送求婚戒指……你可以理解为这些都是 1.0 版本，接下来还要做全城的即时配送，用接驳的方式。

我们并不是自己来做所有事，而是和有想法、有场景需求的服务商合作。我们负责针对市场多样化需求研发新机型，向他们提供运力网络。未来肯定会诞生更多新的场景。

● 困难的时候打印纸都捉襟见肘

都市快报·橙柿互动：有了政策层面的大力支持，城市无人机物流的推进，还会面临什么挑战？

章磊：做成这件事，需要政策和技术的有机结合，前者起到一个引导作用，就好比一扇关着的门上面写着一个"开"字，你还得用手去推。推得过快，可能会遇到很多问题，还得慢慢来。比如，配套基础设施建设，法律法规的不断完善，社会的接受度等，都是一个循序渐进的过程。

都市快报·橙柿互动：创业的这些年，有没有遇到解决不了的困难？

章磊：坎，当然有。资金上的困难，技术层面的挑战，还遭遇过核心团队成员的离开。困难的时候为了缩减开支，不得不调暗办公室灯光，打印纸都捉襟见肘……但这些都不是最难的，最终都坚持下来了。

其实已经不太愿意去描述这些事，因为坚持所带来的成就感，远高于所谓的苦难。2023年公司年会的主题定为初心，因为越到后面你越会发现，坚持初心是最重要的一件事。

● 我喜欢和有趣的人在一起

都市快报·橙柿互动：留意到休息区角落放着一张乒乓桌，您平时也会玩吗？

章磊：当然，我从小喜欢各种球类项目，乒乓球、羽毛球、足球、篮球……每周三是固定运动日。至少在乒乓球和羽毛球上，公司里应该没人打得过我。

面试时我会问应聘者除了工作技能，还喜欢和擅长什么。下厨也算，这些都是加分项。

爱好这东西很重要，我喜欢和一群有趣的人在一起。

曹哲厚 92年 极瘦生物创始人

细胞"超级奶爸"

"希望未来 70%~80% 的屠宰肉可以被取代，不过距离这一天还有很长的路要走。"

曹哲厚：把细胞变牛肉的环保先锋

沈积慧

"人人都必须学会计算机的时代过去了，人类生物学才是未来。"

这是英伟达创始人黄仁勋对当下年轻人的建议。

2011年，从小对工程学感兴趣的曹哲厚报考了航空航天工程专业，立志用自动化改造农业或电动车，推动环境保护。

不过本硕毕业后，他又迷上了老黄口中的人类生物学，开始攻读生命科学博士学位，并"死磕"上了牛肉：从牛身上提取细胞，在实验室里培养出一块入口爽滑的牛肉。

他带领的极麋生物是目前国内最年轻的细胞培养肉企业之一。

■ "死磕"牛肉的公司 团队成员全部是90后和00后

2021年，1992年出生的曹哲厚在杭州成立了一家叫极麋生物的公司。

这是一家以细胞培养牛肉为切口，专注于细胞系、培养基配方及成本控制、组织工程生物支架和生物反应器底层技术研发的公司。简单地说，就是一家研究细胞肉的公司。

说到人造肉，很多人会想到前几年大火的植物基人造肉。这是一种用大豆、豌豆、小麦等植物蛋白模拟动物蛋白的口感，制作出口感与真实肉接近的一种植物肉。2019年，以素食汉堡闻名的企业别样肉客（Beyond Meat）在纳斯达克上市,成为"人造肉第一股"。在别样肉客的投资人名单上,有很多大家耳熟能详的名字,比如比尔·盖茨和莱昂纳多·迪卡普里奥(小李子),还有商业巨头、美国最大的肉类生产商泰森食品(Tyson Foods),以及谷物制造商通用磨坊。

与植物肉不同,细胞肉从动物身上提取细胞,通过生物工程技术,在体外培育有肌肉组织的细胞肉。比如细胞牛肉,不仅具有牛肉的质地、口感,甚至风味可能比真实的牛肉更佳。

从牛身上提取细胞培育牛肉

从一个小小的细胞,到在体外培育出有组织的牛肉,甚至和牛相似的脂肪,其过程涉及生命科学领域的众多技术。

极麋生物的团队成员有来自英国帝国大学、浙江大学、西湖大学、上海交通大学等的科学家,以及人工智能、细胞生物学、药学、工程学等不同学科背景的研发人员,全部都是90后和00后。

从牛身上提取细胞,在体外培养成一块有肌肉组织的牛肉,曹哲厚的团队用了4个月时间。他说提取细胞时会选择年轻力壮的牛,再通过体外大规模扩增,比如先单独培养细胞形成肉糜,再慢慢形成肌肉、脂肪等。细胞培育的过程也会模仿腺体器官,人工添加不同的因子和分泌物,促进细胞快速生长。

■ 从航天航空到生命科学
　源于童年种下的环保种子

选择牛肉,和曹哲厚"推动环境保护"的理想有关。

别看牛肉入口醇厚,牛的养殖过程对地球来说并没有那么美好。数据显示,一头牛一年大概排放三四吨二氧化碳,同时排放出大量的甲烷,对全球气候变暖有极大影响。按这样的排放量来算,一头牛在一年中排放出的温室气体数量,比一辆家用汽车一年排放的废气还要多。如果按目前全球牛存栏量10亿头来计算,这些牛每年排放出来的二氧化碳量多达30亿吨,对全球气候变暖的影响很大。

童年的生活经历,在曹哲厚心中早早埋下了环保的种子。曹哲厚的父亲曹彤,是国内口腔科干细胞培养领域的专家。作为恢复高考后的首批大学生,曹彤是浙江医科大学(现浙江大学医学院)口腔医学系77级校友,并在日本昭和大学拿到了博士学位。

2000年,曹彤在新加坡国立大学生活科学研究院担任首席

曹哲厚

科学家，从事人胚胎干细胞和再生医学研究，包括人胚胎干细胞分化及组织器官发生发育、实验室复制标准化人组织器官、再生医学等。曹哲厚也随父亲在新加坡生活了几年。

新加坡是一个非常注重环境保护、动物保护和可持续发展的国家。小时候，对工程学特别感兴趣的曹哲厚给自己明确了两个和环保有关的发展方向，用自动化改造农业或电动车。

自动化大多跟航空航天工程专业相关，于是在 2011 年，曹哲厚报考了英国帝国理工的航空航天工程专业，并顺利拿到了学士和硕士学位。不过毕业后，电动车和农业自动化这两个行业已经变得很热闹，于是他又转头到英国爱丁堡大学攻读生命科学领域的神经学专业博士学位。

"当时对 AI 特别感兴趣，所以特别想搞明白大脑是怎么运作的。"曹哲厚说。

2018 年，读了两年博士的曹哲厚和父亲曹彤一起创办了杭州原生生物科技有限公司，主要研究人体干细胞分化技术和临床应用。曹彤负责科研，曹哲厚负责管理公司规划和运营。

工程学和生物学，是两门有很多交叉的学科。在原生生物科技的 4 年里，曹哲厚用工程学的思维和生物学的技术，探索从实验室慢慢走向市场，并积累了实操经验。

▌用 AI 搭建细胞培养体系进化平台
　公开全球首个自发鹿茸干细胞系

2013 年，在伦敦的一场直播里，世界著名厨师理查德·麦格温正小心地处理一种他最熟悉也最陌生的食材——牛肉，因为这块夹在汉堡中间的小小牛肉价值超过了 30 万美元，这是全球首块体外培养出的细胞培养肉。

2020 年，获得新加坡监管部门批准后，美国皆食得公司（Eat Just）在新加

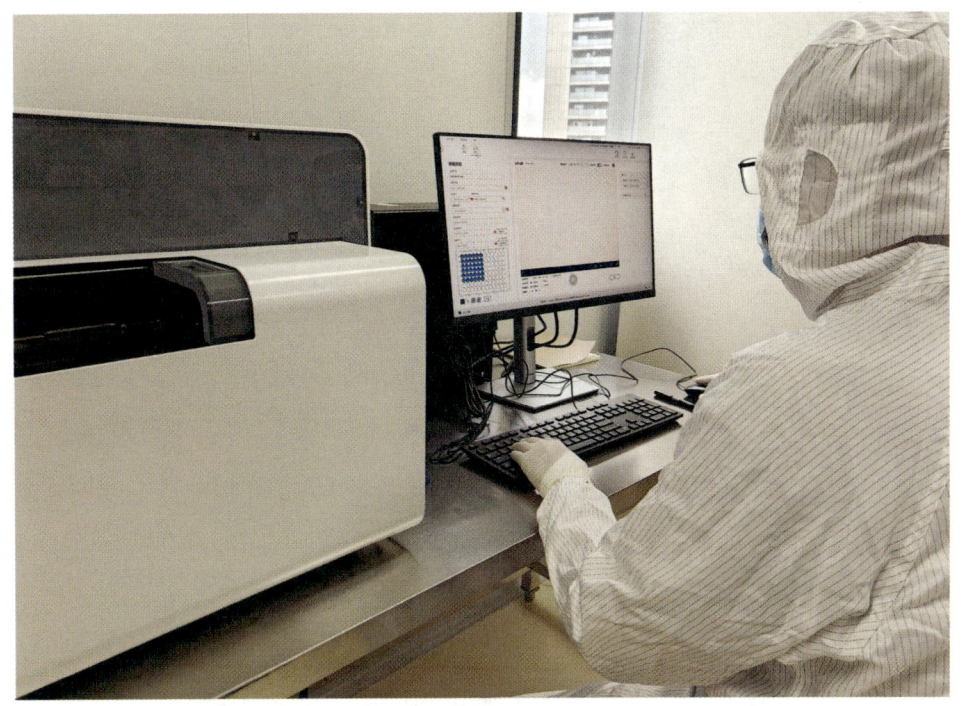

实验室内部

坡开出了第一家人造鸡肉餐厅,餐厅里售卖的鸡肉全部来自皆食得的实验室,而不是屠宰场。据《环球时报》报道,当时该店每串培养肉肉串标价5.5新加坡元,约合人民币28元,其口感、质地与普通鸡肉差不多。

细胞肉被认为是人类应对气候变化、解决粮食安全问题的方案之一。包括极麋生物在内,该领域目前在全球有100多家初创技术公司。但时至今日,细胞牛肉还没有真正走向市场。究其原因,在于成本。曹哲厚说,目前一斤细胞牛肉的成本是大几千元,虽然比刚开始研发时已经下降了很多,不过距离商业化还比较远。

"当培养基(原材料)的成本降到每升1~2元,细胞肉产品的最终销售价格比屠宰肉便宜20%左右,这会是一个比较理想的状态。"曹哲厚说,希望未来 70%～80% 的屠宰肉可以被取代，不过距离这一天还有很长的路要走。

在培养过程中，想要得到好的细胞并不容易。为了得到优质细胞，极麋生物从 2022 年年底开始搭建 JEVOS 体系（Jimi Evolution System），它是由 AI 驱动，可以实现高通量、自动化的细胞培养体系进化平台。实验的迭代与设计由人工经验变为数据 AI 驱动后，实验通量从原来的每天几十次，提升到了每天百万次，从而将细胞和培养基的优化速度提升百倍以上。

曹哲厚透露，目前他们已经获得了包括鹿、牛、鸡在内的多个物种的细胞系，未来通过 JEVOS 体系可以持续不断获得更多不同物种的高价值种子细胞。比如鹿茸干细胞系就是其中之一。

在他办公室的冰箱里，放着一盒盒淡黄色的粉末，它们就是来自细胞培养

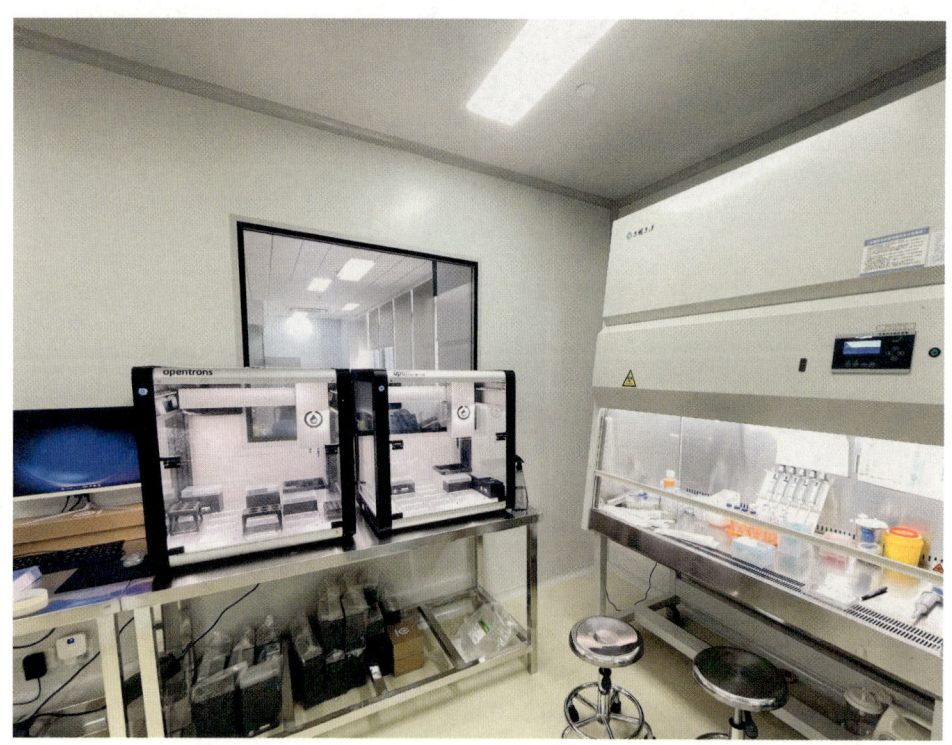

实验室内部

的鹿茸干细胞细胞系。这是极麋生物新研发的全球首个公开的鹿茸干细胞的细胞系，传代次数已经超过 50 代，并在 24 小时内就可以实现倍增。

"鹿茸是哺乳动物中唯一能够在自然情况下周期性完全再生的器官，再生能力非常强，所以在抗衰老和再生方面有很高的价值，市场上售价也比较高。"曹哲厚介绍。

不过，一根自然生长出来的鹿茸，真正有价值的活性成分大多集中在鹿茸的尖角部分，其中的干细胞占到整根鹿茸的不到 1%。"现在，通过细胞培养，可以培养出高质量的活性成分干细胞。"他透露，目前鹿茸干细胞细胞系已经实现规模化生产，即将进入化妆品、保健品等领域。

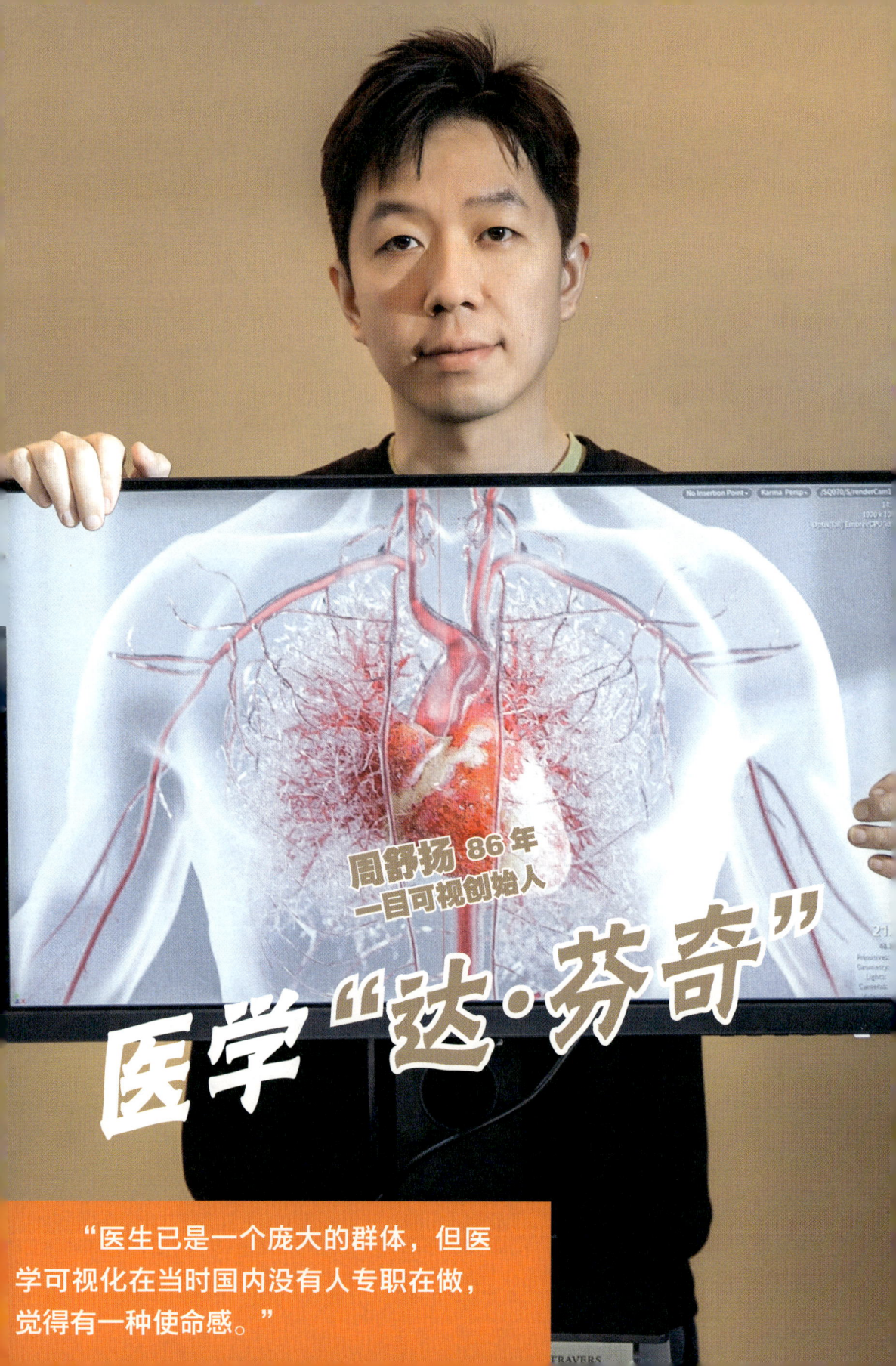

周舒扬 86年
一目可视创始人

医学"达·芬奇"

"医生已是一个庞大的群体,但医学可视化在当时国内没有人专职在做,觉得有一种使命感。"

周舒扬：跨界创业，将医学与艺术完美融合

吴 双 毛 越 方 圆

2017年2月18日，《都市快报》报道了一位优秀的医学插画师，他的名字叫周舒扬。他画笔下的心脏仿佛在跳动，一时间他和他的作品火出了圈。但画画只是他的爱好，他的本业是一名外科医生。

转眼间已多年过去，这位喜欢画画的外科医生怎么样了？

就在走进公众视野的一年后，周舒扬不顾家人反对，辞去医院的工作，去寻找一个全新的可能性。如今，这个可能性就藏在他开的公司——从事"医学可视化"的"一目可视"里。

什么是医学可视化？医学可视化是一门结合生物医学知识与视觉传达技术的综合学科，通过插画、动画、动态交互等手段，为医学的传播媒介做一次全面升级。

简单来说，心脏是怎么跳动的，病毒是怎样入侵体内的，牙齿蛀掉后的形态等这些用文字很难说明的内容，通过插画或动画的形式来表现，可以变得生动可感。

事实证明，周舒扬当时义无反顾的选择是正确的，一目可视目前的注册资本是8位数，聚集了近百位员工。"我们公司的员工大多是95后、00后，我是最老的。"他笑着说。

■ 不顾全家人反对
　为了画画结束 7 年医生生涯

1986 年出生的周舒扬顺利地走完了他人生的前 32 年，从浙江大学临床医学专业毕业，入职浙江大学医学院附属第一医院。然而成为医生并不是他的首选理想，他从小喜欢画画，大学选专业时就曾在医学和建筑学中纠结过。"家里人觉得学医好，对社会更有贡献。"但画画这件事时不时跳出来，撩拨周舒扬的心弦。

在一次偶然的机会中，一位师兄的论文需要配图，周舒扬便一脚踏入了"医学插画"的领域。在那之后，他的作品先是得到专业人士的肯定，然后是身边人的啧啧称奇。

2017 年，周舒扬的多幅医学插画红出了圈，还被《人民日报》微博点赞，他开始接到大量订单，推动命运的齿轮开始转动。

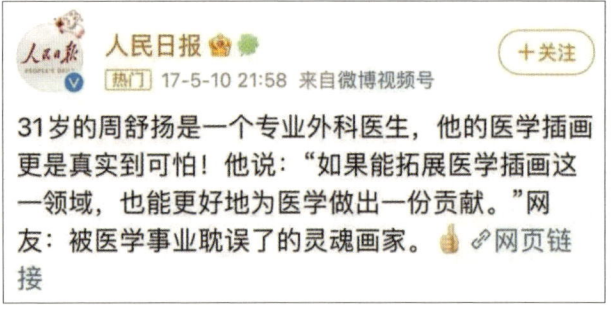

《人民日报》官方微博在 2017 年发表了关于周舒扬的报道

对于放弃 7 年住院医生的积累，辞职创业，周舒扬身边有大量人反对。第一个就是他的爸爸。老爷子是纺织行业的全国劳动模范，在他眼里，医生这个职业特别高尚，任何职业都比不了。在他的组织下，全家人开始一起说服周舒扬，包括已经下海经商，实现财富自由的小叔叔。

家里人反对，圈子里的人也在质疑。和他一起画医学插画的那批"同好"

们觉得这个市场太小,周舒扬产业化的设想行不通。

最终,已经证明过自己的周舒扬执着地做出了选择。他找到了西安交通大学泌尿外科博士马南—— 一位平时喜欢钻研 3D 技术的同道中人,两人共同踏上了创业的征程。

在周舒扬的设想里,想要把"医学可视化"做成产业,就必须要有大批和他一样的画师。他选择开设插画培训班,一条"我要开班"的宣传微博发出去,差不多有 80 位医学生和医生报名。当年下半年,培训班收到了 300 多位学员。

■ 影响 50000 多名医学生
腾讯、百度、字节都找上门合作

兴冲冲开班的周舒扬很快遭到了现实的敲打,大部分学员最后都没有从事医学可视化相关领域。"其实是我们想得太理想化了。"后来,他复盘发现,即使没能从事这一领域,但掌握了医学插画技巧的学员,就像他自己一样,在医学赛道里时不时就能发光。

于是,他调整商业模式,聚焦细分的医学专科场景推出定制化产品。比如,专为消化科医生准备消化系统全能制图班,专为中医开发中医全能制图班等。

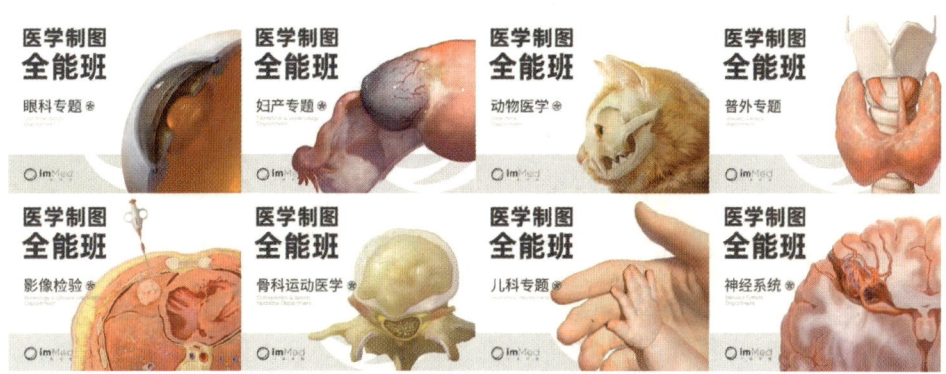

周舒扬推出各种专题的制图班

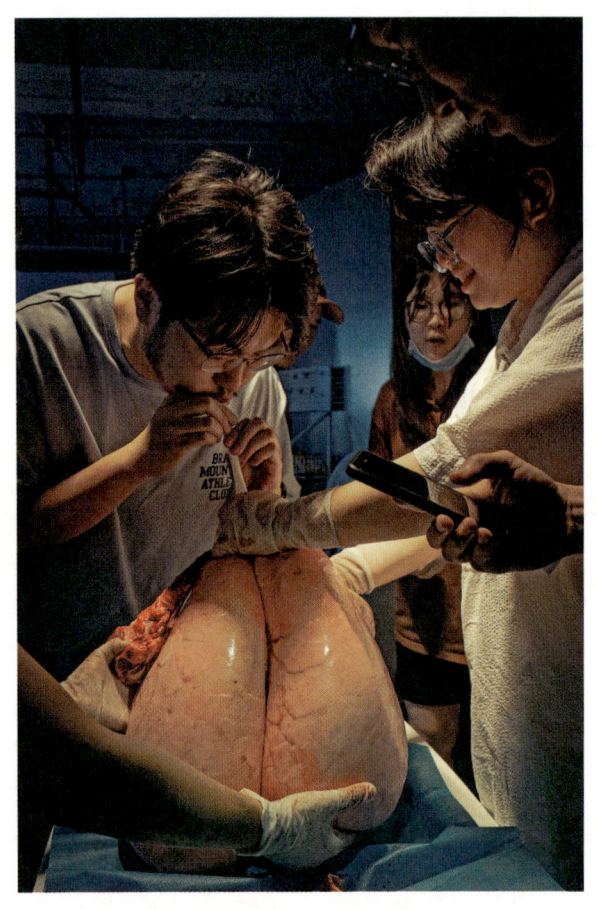

组织开展猪的解剖课,给肺充气

"你们可以看到这里是……"一块鲜红的"猪下水"放在解剖盘子里,周舒扬戴着手套指着组织的细节仔细讲解,身边围了一群年轻人。这是公司定期组织的器官讲解课,在处理某些特别项目或迎接新员工时,周舒扬会用动物的器官亲自讲解。

"很多人是从兼职到全职,从培训班的学员成为培训的讲师,现在差不多影响到了50000多名医学生。"

随着积累的学员资源越来越多,市场需求也开始找上门来。当时,腾讯要建立一个医学科普平台,需要1500张医学插画。这个商业化项目,让周舒扬看到了商业化前景。很快,百度、字节等企业也找了过来。显然,这个市场比想象中要大。从第五期课程开始,周舒扬他们推出了"毕业包分配"机制,好的学员可以分配到订单,基本每个人能月入两三万元。

为了满足更多低价的标准化需求,在定制化项目的基础上,一目可视开始系统创建"医学图库"项目——一个有成千上万的医学科普图片和视频的平台。周舒扬将其定位为生物医学视觉知识平台。同时,他还推出了业界首创的医学可视化行业能力等级认证,用考试的形式筛选人才、指导人才晋升。

"未来我们还会围绕视觉知识库系统，做一系列的衍生产品，包括医学图书、医学服务软硬件、医学游戏、医学文创等。"

■ 让医学一目了然
希望成为行业首家上市公司

2022 年 2 月，一目可视进行了第一轮融资。2023 年下半年开始第二轮融资计划。一开始，很多投资方对一目可视做的事并不理解。"由于没有先例，缺少

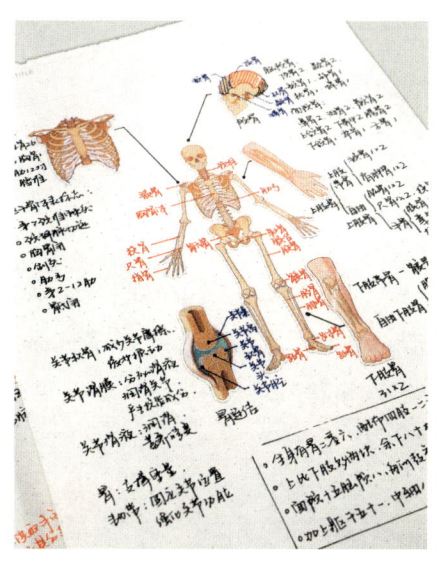

文创贴纸成为医学生做笔记的最佳辅助

对标企业，很多时候，讲了两三个小时，对方也没什么反应。"周舒扬回忆道。

好在最后有两家基金公司抛来了橄榄枝。其中一家的创始人也来自浙大，并投资了很多浙大后辈的创业项目。

从传统临床医学、基础医学，到新兴的再生医学、数字芯片等，医学可视化链接到了医疗的每一个领域。如今国内已经有几十家专攻医学可视化的公司，从业者也越来越多。

"让医学一目了然"是一目可视的品牌标语，周舒扬他们正在努力，把生物医学领域中的所有内容以视觉形式呈现，建立一个视觉医学知识库，"之所以叫'医学可视化'，而不是单纯的医

各种人体器官的卡通贴纸

学美术，是为了拓展我们这个行业的边界，这是医学进入下一个数字时代的万能钥匙。"

同样做的是"医学可视化"，周舒扬的前辈达·芬奇曾在笔记里写道："人体是一个工程和艺术的杰作。"无论是工程还是艺术，都需要时间和精力的积累。

创业维艰，"创业者的本质是破墙者，需要构建一个新的体系，创建一个新的秩序。"他说，虽然并不容易，但依然希望一目可视能够成为医学可视化领域中的首家上市公司。

对话"新青年"

● 我在绘画这件事上是有强迫症的

都市快报·橙柿互动： 从一名外科医生到创业者，您为何做出了这样的选择？

周舒扬： 做这个选择，有三个层面的原因。第一，医生已是一个庞大的群体，但医学可视化在当时国内没有人专职在做，觉得有一种使命感。

第二，从读书到临床，我在医学领域耕耘了十年。我很喜欢当医生，但当手术及各种杂事变多后，会明显感到疲惫。这事在画画上不会发生：不管多累，哪怕通宵完成一幅作品，我也会力求完美，可以说我在绘画这件事上是有强迫症的。

第三，我当住院医生期间，状况不太好。比如感觉在原有体系中有些看不到头，所以就想跳出来看看外面的世界。我做这个决定好像也没觉得有多困难，这是一个权衡利弊后的结果，也算是"迫不得已"下的一个人生机遇。

都市快报·橙柿互动： 在创业一步步推动的过程中，有没有遇到意料之外的困难?

周舒扬: 有,可以说初期是每天都在遇到困难。你要我具体说的话,我反倒想不起来了,因为这些困难都在我们的努力下,被一一克服了。

● 感谢《都市快报》当年点的一把火

都市快报·橙柿互动: 在创业获得初期成功时,您的生活是不是发生了很大的变化?您是怎么面对这些变化的?

周舒扬: 说到这个,我非常感谢《都市快报》。当年媒体对我的报道中,快报点了第一把火。报道刊出后,我得到了很多人的支持和帮助,也获得了不少的关注。我当时在微博上说要开插画培训班,就有80个人左右来报名,这比我预想中的要多。

每个创业有成的人都会经历那个阶段,就是有点"飘"了,一般在这种时候都会狠狠摔个跟头。我确实有过几个月的得意忘形,后来又变回了原来的自己。现在的消费水平和之前做医生时差不多,开的车也是公司成立时买的。

都市快报·橙柿互动: 对想要脱离原先生活去创业的人,有什么建议?

周舒扬: 创业者必须有好心态。我还真的是个心态蛮好的人,不管遇到多大的事,我从不失眠,晚上睡得很好。很多人可能会觉得"i人"(性格内敛的人)不适合创业,"e人"(性格外向的人)比较适合。我倒是觉得,任何性格特质的人都能够找到他的出路。

● 医生的知识真的很值钱

都市快报·橙柿互动: 您觉得什么样的人适合医学可视化这个领域?没有医学专业背景的人,可以做这件事吗?

周舒扬: 我们公司目前有一半的人是有医学背景的,包括医生、护士、药师以及医学生等。发展早期,我们需要员工能够具备全面的技能,对于员工的要求会很高。我很重视医学出身的人,在医院的时候,医生们根本体会不到医学知识有多"香",事实上医学专业壁垒很高。跳出医院,你会发现,你的知识真的很值钱。我也一直跟年轻医生们说,不要觉得自己差,你永远要高看自己100倍。

现在公司发展起来,我们也有一半非美术、非医学专业的员工,他们帮助我们策划、做宣传,让我们做的事被更多人看见。如果你对这个行业感兴趣,欢迎加入,但我一定要说,这个行业的门槛不低,医学专业知识和绘画能力都很重要。

周舒扬在给员工进行培训

都市快报·橙柿互动: 您觉得未来你们所做的事,会被 AI 取代吗?

周舒扬: 我们可能会是应用美术行业里最晚被替代的。不光是我们,所有美术行业,未来都会受到 AI 的挑战。目前来看,在我们这个领域,还没有一个很好的模型能够代替我们做的事,我相信以后可能会有。

但我不觉得我们会被取代，首先目前做这件事的人很少，所以没有足够庞大、完整的数据能够作为一个原始的数据库给AI训练。其次，医学非常特殊，需要人工审核它的科学性、伦理性。而且AI不能解决所有问题，很多时候还是需要人工的审核和修改，我觉得如果真的出现这样的模型，倒有可能成为我们这个行业迅速发展的助推器。

● 医学可视化能帮助更多医生和更多人

都市快报·橙柿互动：做插画班培训、接单的模式会更轻松、更好赚钱，后期公司做图库、知识平台很艰难，营收也少，您是怎么想到要去做这个的？

周舒扬：第一，我们不是在做公司，而是在做产业。一家公司独好，并不长久，只有行业起来了，头部玩家才能活得更好。

第二，我们急需一个市场去容纳新加入的人。很多小伙伴把一目可视当作避难所或理想乡，抛弃了当医生的道路。我们作为行业头部的公司，如果只是开培训班，最终所有人培训完发现没活干，就意味着整个行业都完了。

一目可视当初承接互联网项目订单，本质也是希望行业长久发展。互联网大厂来了，正好把人接住了，那互联网大厂走了怎么办？那就由我们创造最大的市场需求，图库和知识库建设是以几十年为周期的项目，需要大量的供应商，能够盘活所有人。

都市快报·橙柿互动：大家会觉得医生和创业者或者商人的身份有冲突，您怎么看？

周舒扬：医生救死扶伤，能够救人性命，但作为个体，能做的事其实是有限的。如果通过医学可视化行业的发展，让医学内容传播变得更高效，让更多的病人找到更好的医生，让更多医生的技术提升，那产生的影响力一定会大于医生个体。我想做的就是这样的事。

道路"体检医生"

储翔 94年 云途科技创始人

"我们希望能更好地发挥交通道路的数据要素价值,更好地保障行人和车辆'所行皆坦途'。"

储翔：让天下没有难走的路

储 帆

与储翔见面的前一天，他位于杭州华星科技大厦的办公室收到了寄给马云的快递。2000 年 3 月 4 日，马云带着"十八罗汉"从湖畔花园的四室两厅搬出来，在这里按下了阿里腾飞的加速键。

直到搬进来，储翔才知道阿里曾经在这里待过。他特地将马云当年的办公室改造成了一间会客的茶室，让来的人都"沾沾福气"，感受一下"创业精神"，也为他省去了准备各种开场白的麻烦。

创业之初，马云就将阿里的使命定位为"让天下没有难做的生意"。没想到 20 年后，一群怀抱梦想的年轻人，在同样一片办公区域，开始践行自己找到的使命："让天下没有难走的路"。

■ 千辆车万条路
实时给杭州的道路"做 CT"

时间回到 2018 年，储翔和伙伴们在一个 3 平方米的格子间里创立了云途科技，后来为自己的系统取了个寓意很好的名字："云上坦途"。解释起来也不复杂，用人工智能、大数据、云计算等数字化手段解决道路"病害"，保证道

创业早期深夜探讨

路健康平整。

道路检修工作，隐藏在城市生活的背面。"道路施工队的工作时间通常是晚上 8 点到次日凌晨 2 点，马路上最空的时候。"当年，为了搞清楚道路检修工作的各个环节，还在浙大读书的储翔和团队跟了市政公司施工队整整一个夏天，熟悉养护的业务，了解行业的痛点。

其中一个显著的困难在于对路面状况的检查。城市道路这块通常只能靠人工巡查，所以提报上来的信息有限；等级公路一年会做一次大检，由专业公司的检测车拖着大大的设备扫描路面，单次成本高达每千米数千元。

能不能用技术手段，低成本地解决这个问题？储翔他们很快抽丝剥茧，给出了解决方案：技术交给专业的软硬件设备，低成本交给"社会力量"。据说后者是储翔看《毛泽东选集》时得到的灵感。

深夜踏勘

以杭州为例，截至 2024 年 4 月，全市有一千多辆车装上了云途科技的智能硬件，包括出租车、公交车、工程车等，每天行驶在杭城上万条道路的各个角落，实时传回路面信息。它们就像一台台专门为道路——这些城市"毛细血管"研发的、可移动的"体检 CT 仪"。

■ 精确识别道路"病害" 为城市设计"道路健康码"

　　这个由云途自主研发的硬件已经更新到第四代，目前升级后的产品是一个巴掌大的"小黑盒"，内置了 20 种精密的传感器和 GPU 芯片。"很多部件是我们自己研发或和厂家共同研制的，并且实现了全部硬件的国产化。"储翔说。

　　后台的"云上坦途"将城市道路分成"3米×3米"的网格，用"红黄绿"三种颜色代表健康状况。当车辆开过坑洼路面产生颠簸或检测到各种道路病害，小黑盒就会自动识别道路问题上传系统，经过的那块网格就会在系统里变成黄色或者红色，提示路段养护人员及时接收并处理。

装在车内的"小黑盒"

　　当红码出现时，"云上坦途"会自动推送相应的路面"病害"信息，并生成包含照片、类型、位置等详细信息的事件，派发到一线养护工人的手机中，完成事件派发、现场施工、修复汇报、效果评价、记录留存的闭环流程；修复后，平台中点位红码即可转绿。用更形象的比喻来说，这就像是专门为道路设计的"道路健康码"。

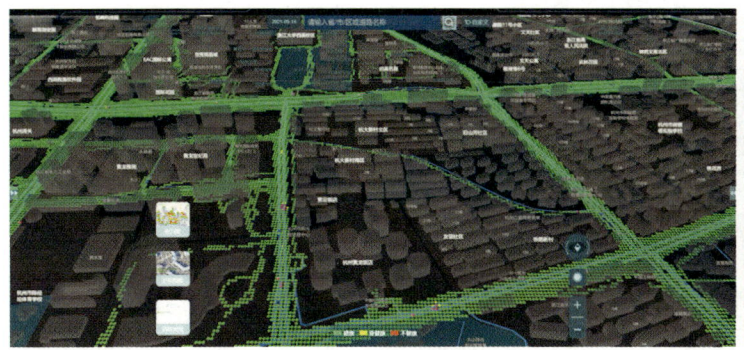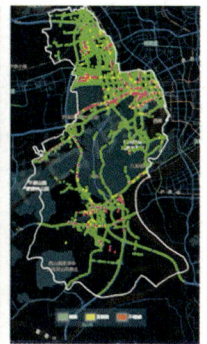

道路健康码

"现在,小黑盒的感知视野可以覆盖车前和左右两侧车道,全天候采集道路信息。"储翔透露,目前这套系统已经能识别道路破损、桥头跳车、井盖沉降等 20 多种不同场景的道路问题,路面问题的检测准确率在 95% 以上。

■ 精通物理和计算机的双料学霸
初中就是网站站长

1994 年出生的储翔是杭州人,本科保送研究生,毕业于浙大物理学院。这个有着"科学家梦"的理科男,同时也十分热衷于钻研计算机技术。

储翔的计算机启蒙是在小学三年级,那时他爸爸有一台电脑,和大部分家庭一样,网线对小学生来说是常年切断的。储翔只能对着一本《Photoshop 入门》自学 PS,在软件里画一些平面图形。渐渐地,他开始不满足于平面作图,于是自学了 3D 软件,开始玩立体建模,再到学习编程,一步步打开了计算机世界的大门。

初中时期,他通过编程做了一个网站,定时更新各种社会资讯和经验分享帖。他既当站长也当客服,还注册了多个邮箱作为"马甲",以期给外界一个成熟团队的印象,并靠着积累的每天数千 IP 地址的独立访问量,成功将网站广告位卖了出去,网站运转得以维持。

大学期间,他依然活跃在国内外的编程等比赛中,并且通过比赛结识了后来共同创业的伙伴。浙大一直有

学生时期的储翔

着浓厚的创业氛围，2018年"互联网+"概念风头正劲，储翔身边的很多同学进入区块链、人工智能等领域创业。

"也许一个戏剧性的故事——比如因为摔了一跤而关注到道路施工问题，继而决心要改变行业——更能打动人。"储翔说。但事实上，选择这个行业是团队坐在一起"推导"出来的。

他们分析了当时互联网发展的各种现状，发现面向消费者的平台多如牛毛，初创团队很难"杀出重围"。但在帮助企业提高产能、给监管部门提供决策支持等方面，互联网技术还有大展拳脚的空间。

最终他们选择了数字化大有可为的道路交通领域，储翔认为这是一条"逻辑上最有机会实现商业化"的路径。如果说创业成功必然有着命运的暗示，他想起那几年公司旁的天目山路在新建地铁，"笃笃笃"的声响贯穿了艰难的创业初期。

创业初期的储翔

■ 参与亚运道路保障
为杭州一个区省了上千万元经费

2020年4月，中共中央、国务院发布《关于构建更加完善的要素市场化配置体制机制的意见》，明确将数据列为五大生产要素之一，数字经济的时代大幕就此拉开。

那年，云途科技已正式发布了"云上坦途2.0版"，储翔他们怀揣着一个大数据云端梦：要利用庞大的社会算力，助力打造智慧城市道路治理系统。

道路监管和每个人的出行安全息息相关，一直都是城市管理的重点问题。全国道路的养路成本正在不断增加，道路"老龄化"的时代已经到来。

2023年，"云上坦途"为杭州亚运赛事提供道路安全保障；杭州城管为护航亚运期间城市道路平整，充分利用"云上坦途"场景，推进市政巡查、管理、养护的智慧化、数字化和精细化。

截至2024年4月，"云上坦途"已经覆盖了杭州市13个区县（市），并推广到绍兴、宁波、温州、合肥、重庆、武汉等地，检测处理了超过10万例道路问题，累计里程达到3.7亿千米，足够往返地月500次。

据了解，杭州一个城区使用"云上坦途"后，市政道路监管成本下降了近八成，一年平均节省经费1200多万元。

云途科技已经发展成了国家高新技术企业、浙江省专精特新中小企业。"云上坦途"也被列入《杭州市城市管理"十四五"规划》，从一家公司的系统名

系统地图

称成为城市数字化管理的样板工程。

接下来他们还会拓展更多场景。"我们已经在高速公路和农村公路上有了案例，未来会进一步拓宽道路检测范围。"储翔说，"我们希望能更好地发挥交通道路的数据要素价值，更好地保障行人和车辆'所行皆坦途'。"

2022年公司乔迁时的团队留影

刘绍勇 95年
西子航空装配 RIB&C919 项目班长

国产大飞机"守门员"

"C919 应急发电机舱门的蒙皮，只2.3 毫米……有时成功和失败只差 0.01 要争的就是这 0.01 毫米。"

刘绍勇：打造国产大飞机 C919 的"生命之门"

邵 婷

在刘绍勇的记忆中，有两个特别难忘的片段，算是干这一行的"决定性瞬间"。

第一次是 2017 年 5 月 5 日，国产大飞机 C919 在上海浦东国际机场完成首飞。那时，他刚进入西子航空两年，正着手庞巴迪 C 系列飞机地板梁首件项目，之前也去 C919 的项目帮过忙。他记得，当时车间里拉来了一块很大的屏幕，他和很多工友一起观看了首飞仪式。这一飞，让中国航空制造业进入大型喷气式客机时代。

两年后，刘绍勇成为西子航空 C919 项目的班长。

2023 年 5 月 28 日，中国东方航空使用中国商飞全球首架交付的 C919 大型客机，执行 MU9191 航班，开启这一机型全球首次商业载客飞行。中国大飞机的"空中体验"正式走进广大消费者的日常生活。

这一次，刘绍勇依旧没能到现场，但看着电视画面中，C919 顺利抵达北京首都机场，并穿过"水门"，他觉得心里热热的。"很骄傲。我知道，有一个螺丝是我拧的，有两扇门是杭州造的！"

■ 两扇"生命之门"

浙江西子势必锐航空工业有限公司，坐落在杭州市钱塘区。

2009 年，西子航空投标 C919 项目，成为该项目 9 家机体结构供应商中唯一的民营企业。这家公司负责 C919 两扇"生命之门"——应急发电机舱门（RAT 门）和辅助动力装置门（APU 门）的生产制造。

在西子航空车间内，我们见到了刘绍勇。28 岁的他已是西子航空装配 RIB & C919 项目班长。

车间内噪声不小，刘绍勇尽量放慢讲话速度，好让我们看清楚他的口形。我惊讶于他的耐心，因为此前负责人告诉我们，最近一段时间各路媒体蜂拥而至，占用了他们不少的工作时间。

西子航空 C919 项目装配区

所有人都想知道 C919 的两扇"生命之门"是如何打造的。之所以这么称呼它们，是因为这两扇门都是为了应对飞机失去动力时的紧急状况。

应急发电机舱门位于机头侧下方，是为飞机在失去动力和辅助动力时进行应急迫降而设计的；辅助动力装置门位于机身尾部，辅助动力装置的主要用途是让飞机主发动机在停止状态下，不依靠地面器材向飞机供应电力。

刚接手这个项目时，刘绍勇的任务是完成从试验机到商用机的跨越，实现

C919 应急发电机舱门（右侧）

真正的生产,而这一切都需要他自己摸索。

他和之前制作试验机的技术人员一起探讨技术规范等理论内容,再对照图纸将眼前的零件定位、组装。一个月后,第一扇商用的应急发电机舱门被做了出来,又过了一个月,对辅助动力装置门的攻关也迎来了好消息。

■ 0.01 毫米之争

零件定位、夹紧、制孔、锪窝、安装……这些都是做舱门的最基本操作。那么制造大飞机的舱门,难度在哪儿?

"在一些狭窄的地方,很难使用辅助工具,要保持垂直度、准确性,全凭一双手。还有在零件配合状态不好的情况下,需要随机应变,随时进行调整,这是考验技术的地方。"刘绍勇说。

作为飞机上唯一一种可以在飞

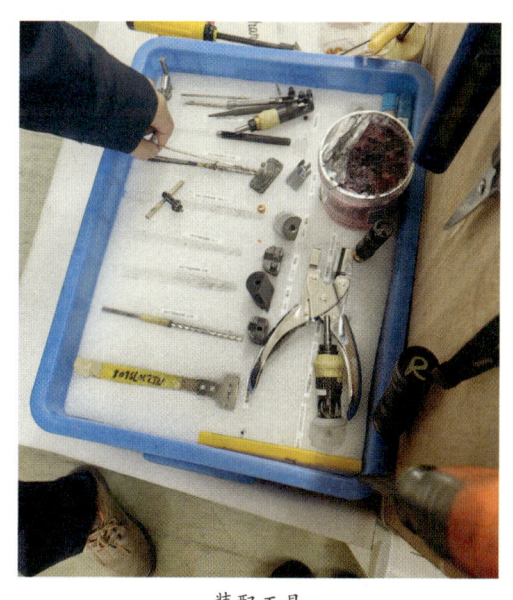

装配工具

行过程中打开的舱门，应急发电机舱门有很多特殊的工艺要求。其中有一个部件很关键——铝合金鹅颈接头。"鹅颈"的造型就像天鹅颈，在制孔过程中最难的是确定"位置度"。也就是说，要保持贴合面定位准确，要确保零件各个尺寸在合理公差范围内。

另一方面，辅助动力装置门位于飞机尾部的高温区域，需要涉及的材料具有耐高温、阻燃和耐烟等特性。为此，C919飞机设计团队创造性地选用了一种耐高温的碳纤维复合材料，这种材料在国外曾使用在火箭等航天器材上，在国内航空领域还是首次使用。

不过，复合材料的特点是轻和硬，为生产制造增加了很大的难度。"辅助动力装置门的主要材质是复合材料加钛，这两者都很硬，制孔的时候非常容易开裂。因此这种材料对钻孔的刀具、技艺要求都很高。"刘绍勇说。

为了摸清材料特性，西子研发团队从试片到原件再到组件，进行了上百次试验。就像搭积木一样，一步一步找到最适宜的使用方式。这一研发过程持续了四五年。

对于飞机气动外表面，因为要直接面对气流，钉的齐平度尤为重要。铆接完之后，铆钉可能会突出表面或者是低于平面。经验老到的装配师，比如刘绍勇，仅凭一扫、一摸，就能大致确定齐平度如何、零件误差是否在合理范围内。

"C919应急发电机舱门的蒙皮，只有2.3毫米。为满足齐平度要求，有时成功和失败只差0.01毫米，而我们要争的就是这0.01毫米。"刘绍勇说，目前，负责该项目的4人团队是从其他项目中选择经验技术能力比较强的人员组成的，"在我们的努力下，能保证将误差控制在0.01毫米以内。"

技术人员正在配合进行应急发电机舱门密封压条定位

胶工正在搬运应急发电机舱门,准备进行涂胶作业

■ "从 0 到 1"
大飞机中的杭州身影

随着 C919 国产大飞机订单不断增多,刘绍勇和团队也越来越忙碌,制作一扇舱门的时间也从 30 天缩短到 21 天。这节省的 9 天,是靠技术工的熟练度和数字化手段实现的。

"新质生产力,是一种工作方式的改变,比如我们在测量一个配件的数据时,新采用了数字化的测量方法,对应的仪器转接方式也随之改变。一个小小的变化,带动了其他工序的改变,最后可能改变了整个生产流程。"西子航空国内项目产品工程主管杜秀翠介绍。

如今,28 岁的刘绍勇年纪轻轻,却已经是"老师傅"了。2015 年 9 月,他进入西子航空培训中心实习,一年后就开始独立负责项目。

西子航空培训中心

听到这个称呼，他只是腼腆地笑笑。"那时我还年轻，要独当一面，心里也发怵。"刘绍勇说，当时负责首件项目的制作，他为了实现"从0到1"的突破，经常持续工作十五六个小时。

要想突破，唯一的办法就是提升熟练度和准确性。刘绍勇说，他们进入培训中心后就要进行制孔练习，一天下来，两三块板上会留下好几百个孔。有时夜深了，走出工作间，静谧深沉的夜空会给他力量，"无论遇到任何挫折，我相信，明天又是崭新的一天，还能接着干！"

刘绍勇是江西人，来杭州读书后，便定居下来。他目睹着钱塘区从一片荒芜到引进越来越多的先进制造产业。作为杭州的"产业大区"，钱塘区汽车产量占全市八成以上，生物医药产业营收比重占全市"半壁江山"。2024年9月，钱塘区"国产宽体客机机身复合材料部件研制生产项目"通过竣工验收。

刘绍勇指了指隔壁，"喏，就在这儿！"C929项目的机身，由同样位于钱塘区前进智造园的浙江华瑞航空生产制造。

张志强 89年
蚂蚁集团图学习和知识图谱专家

数据"织网者"

"图的未来有很大的想象空间，比如用于研究复杂的气象问题、人类大脑复杂的神经网络等。"

张志强：用图技术守护支付安全

刘永丽

1967 年，哈佛大学心理学教授斯坦利·米尔格兰姆提出了一个叫"六度空间"的理论：最多通过 6 个中间人，你就能联系到世界上的任何一个陌生人。

不只是人与人，世上万事万物互相关联形成了一张极其复杂的关系图谱，如何在短时间内认识到事物之间的联系并作出科学分析？

一定程度上，这是张志强的工作。他是 2016 年入职蚂蚁集团的"蚂蚁星"，一毕业即拥有百万年薪，他的研究领域叫知识图谱和图学习。

这里的图，并不是一般意义上的图片，而是一个抽象的数学概念，由点和边构成的网络，指的是客观世界里事物和事物之间的联系。这个事物可以是人，也可以是物，可以是任何产生的关系图。举一个简单的例子：你在支付宝端发起的每一笔付款，图技术都会在短时间内分析交易双方的关系网络，来判断这笔交易是否存在风险，是否有被骗的可能。

■ 在千丝万缕的关系中发现蛛丝马迹

判断一笔交易的双方是好人还是坏人，不是一个新话题。一般而言，A 给 B 转钱，系统把 A 的信息、B 的信息以及这笔交易的信息，比如交易发生的时间，这三个维度的信息拼在一起输入到一个模型进行分析。

加入图技术后，这套系统的视野和格局更大，可以把这两个人在这两天、一周内甚至一个月内做过的所有交易，编织成一个更广泛的关系网络，在千丝万缕的关系中分析出"可疑交易"的蛛丝马迹。

从这点上说,应用在支付安全领域的图技术,更像是游走在海量数据间的福尔摩斯。

图技术不只能抓坏人,它已经被用在蚂蚁集团多个业务领域。网商银行新升级的大雁系统,就涉及通过图来定义和发现复杂的供应链关系,在海量的数据里发现一些真实存在但很难显示以及描述出来的关系。

如何发现两家企业间的上下游关系?传统方法是派信贷专员去企业实地走访,查看交易信息。

新升级的大雁系统,通过读取海量的商品信息、企业关系信息,形成产业链图谱,让全产业链上下游的小微企业"显形",大大提升了网商银行的信贷服务能力。

"举个简单的例子,根据大数据发现两家企业的货车司机和仓储主管之间存在一定的关联性,进而推断两家企业间可能存在供应链关系。"张志强说。

■ 代码写得最好的一批人中的一员

在进入蚂蚁集团之前,张志强就已经在研究图了。这个来自广东的男生,本科和研究生都就读于北京邮电大学计算机学院。专业学习之余,他花了很多精力在程序设计比赛上,参加过 ACM/ICPC 国际大学生程序设计竞赛,并获得了亚洲区域的金牌。

这是世界上公认的规模最大、水平最高的国际大学生程序设计竞赛,被称为"程序设计的奥林匹克"。在这类比赛中获奖的人,尤其是获得区域金牌的人,就是代码写得最好的一批人,这是保研和互联网大厂招聘中的"特别加分项"。

读完本科后张志强保研本校,研究生阶段师从北京邮电大学图机器学习领域的权威专家石川教授。"当时选择这个方向,坦白说,并没有想到后续这么快就能在实践中得到应用。"张志强说,"只能说我还是比较幸运的。"

在校期间,他曾在腾讯和百度两家大厂实习过,毕业后最终决定加入蚂蚁集团,理由是想去一个"活多人少"的地方,能让自己获得长足的进步。

刚加入蚂蚁集团时,张志强经常有三四个项目同时在做。他倒是坦然接受并且游刃有余,"顶着'蚂蚁星'的头衔,大家都会判断你这个人究竟值不值,所以也要拼命干活。"

步入工作岗位的张志强依然和石川教授保持着密切联系,蚂蚁技术研究院也和众多高校有着深入的合作。石川教授在一份介绍自己的材料中,将张志强的名字放在了学生中的第一位。对此,张志强表示,"还是一件很开心的事。"

生活中的张志强

■ 深度学习技术路线的"双向奔赴"

能在深度学习浩瀚的技术路线里相逢,张志强和蚂蚁集团算是"双向奔赴"。因为蚂蚁集团和图学习、图智能有着天然的适配度。支付宝有着海量的交易数据,但是其使用场景极为复杂,因此风控要求极高。

2017年，入职1年的张志强逐渐承担起技术创新的任务，开始主导蚂蚁集团的图学习技术体系。他和团队的研究方向包括图学习、机器学习、风险控制、推荐系统等各类图技术能力。

这些年，张志强和团队在蚂蚁集团的图学习技术实战经验，形成了蚂蚁集团的图学习系统 Ant Graph Learning（AGL），这是行业首个通用工业图学习系统。目前，这一系统已经实现了万亿规模图数据上的信息协同和结构感知，构建了多个行业数字化图智能方案，也沉淀了多个优秀的算法实践，并在多份知名国际会议期刊上发表相关技术成果论文 70 余篇。

2021年，被誉为"中国智能科技最高奖"的"吴文俊人工智能科学技术奖"公布获奖名单，蚂蚁集团与清华大学、北京邮电大学共同获得人工智能科技进步奖一等奖，联合成果为《金融智能图机器学习系统的研发与大规模应用》，张志强和他的导师石川教授作为主要完成人获奖。

随后的 2022 年，由北京邮电大学、蚂蚁集团等主导研发的"大规模复杂异质图数据智能分析技术与规模化应用"的技术成果获得科技进步奖一等奖，这也是国内电子信息领域的最高奖项。

图学习系统 AGL 在蚂蚁集团对内对外的上百个业务场景中应用，如金融风控、财富管理、人脸支付等，服务了数亿用户。在 2023 年外滩大会上，蚂蚁集团将图学习系统 AGL 正式对外开源，为开发者提供一个强大的工具和平台，以更好地应用图学习技术解决实际业务问题。

▎用图来解释人类难题

2024年，张志强和团队投入到千亿级语言大模型基座研发的技术攻坚中，这又是一个新的挑战，涉及大语言模型回复高阶问题的顺畅程度。

如果你问一位非常资深的乔丹迷："乔丹退役那天 NBA 有几场比赛？"即使一开始不知道答案，他也会将问题拆解，通过搜索告诉你准确答案。

但对机器而言，这是一个复杂的问题。首先，它们得知道乔丹是什么时候退役的，而乔丹退役了三次。其次，它们需要确定每次退役的时间，以及对应当个赛季的哪个阶段……一个问题实际上是多个问题的叠加，看上去不难，对现有的大部分大模型却是一种考验。

张志强希望自己在图智能技术上的创新和研究，为推动技术进步贡献一点力量，"图的未来有很大的想象空间，比如用于研究复杂的气象问题、人类大脑复杂的神经网络等。"

更生动和耳熟能详的一个场景是：一只在亚马孙雨林中的蝴蝶偶尔扇动几下翅膀，就可以在两周以后引起美国得克萨斯州的一场龙卷风。表面上看来毫无关系、非常微小的事情，可能会带来巨大的改变。

从 2015 年开始，蚂蚁集团图智能研究连续为通用人工智能提速，连续四次打破权威测评世界纪录。而根据国际关联数据基准委员会最新发布的图数据基准测评结果，蚂蚁集团自研的流式图计算引擎 TuGraph Analytics 已经取得了国际领先的并发吞吐量和查询能力，被称为全球最快图智能引擎。

因为"张志强们"，那些纷繁复杂的关系正在被看见、被定义，也被更好地用于为人类服务。

肺移植"豪斯医生"

赵晋 93年
浙大二院肺移植科外科医生

"事情只有成功和失败两个结果,哪怕你前面已经做到99%,最后一步没有完成,也是失败。"

赵晋：在显微世界中探索肺移植奥秘

吴 双 童小仙

"'啪嗒——啪嗒——'那时我只能听到自己的心跳声，其他所有的都顾不上了。看到肺由白变红的一刹那，我知道成功了。"回忆起 2019 年在北京的那场手术，浙大二院肺移植科外科医生赵晋仍然很激动。

当时，躺在他面前的是比半个巴掌还要小的老鼠，赵晋为它成功地移植了一个新的左肺（小鼠左肺移植模型）。时至今日，全球也只有五六个实验室将这一模型常规化，而熟练掌握这一技术的研究者在全球范围内不超过 20 个。

这里面就有赵晋。

■ 师从"中国肺移植第一人"

出生于 1993 年的赵晋，在 2023 年作为一名外科医生入职浙大二院，加入陈静瑜教授带领的肺移植科。陈教授是世界知名的肺移植专家，被誉为"中国肺移植第一人"。从 2017 年起，赵晋便跟他学习肺移植临床及基础，并顺利取得硕士、博士学位。

陈教授不仅手术技艺精湛，篆刻、绘画、书法同样了得。"'手上功夫'是外科医生的基础，一直以来我都以导师为标杆认真学习，心到即手到。"赵晋说。

除了陈教授，赵晋的另一位老师，是父亲赵信军。赵信军是国家紫砂工艺大师，专攻花器类紫砂壶。"我做小鼠肺移植用的各种手术器械和爸爸做紫砂壶用的镊子、竹叶刀还很相似。我的手巧和专注可能也有一定家族传承吧。"赵晋谈道。

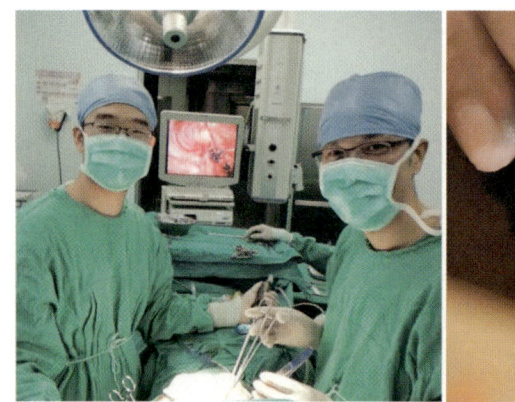

陈教授（左图右）不仅手术技艺精湛，其篆刻技艺同样了得

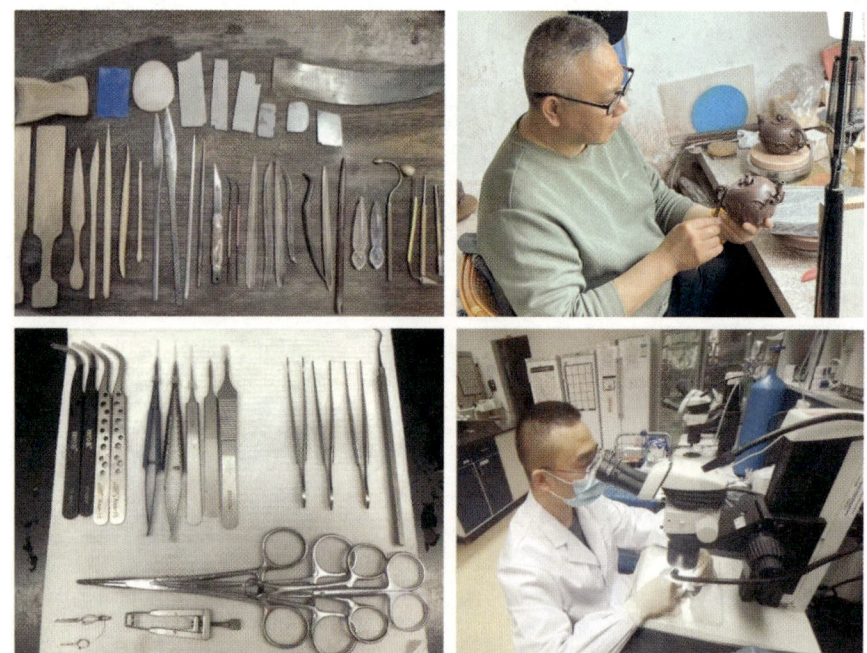

赵晋的小鼠肺移植手术器械（左下）和父亲的制壶工具（左上）很相似

回到令赵晋惊心动魄的那场手术。如果把人的肺看作一整条腿，小鼠的肺就像人体小脚趾的指甲盖那么大。因此，他动手术的场景很容易让人想到《核舟记》中的描述。

为了完成这一挑战，赵晋前后用了2个月时间。在实验前，他甚至根本没接触过小鼠，被小鼠咬了好几次。实验期间他基本上每天在显微镜前坐12个小时："这件事情只有成功和失败两个结果，哪怕你前面已经做到99%，最后一步没有完成，也是失败。"

当时，赵晋的心理压力非常大，心一乱就更容易出错。小鼠的血管和支气管直径为2～3mm，手术过程中只要轻轻一动，就会撕裂。光是打麻药、气管插管等前置步骤中就不知道死了多少只小鼠。

"整个过程需要在显微镜前一动不动坐两个小时。"赵晋有无数次到最后一步时，因为心理压力巨大，手一抖，功亏一篑。

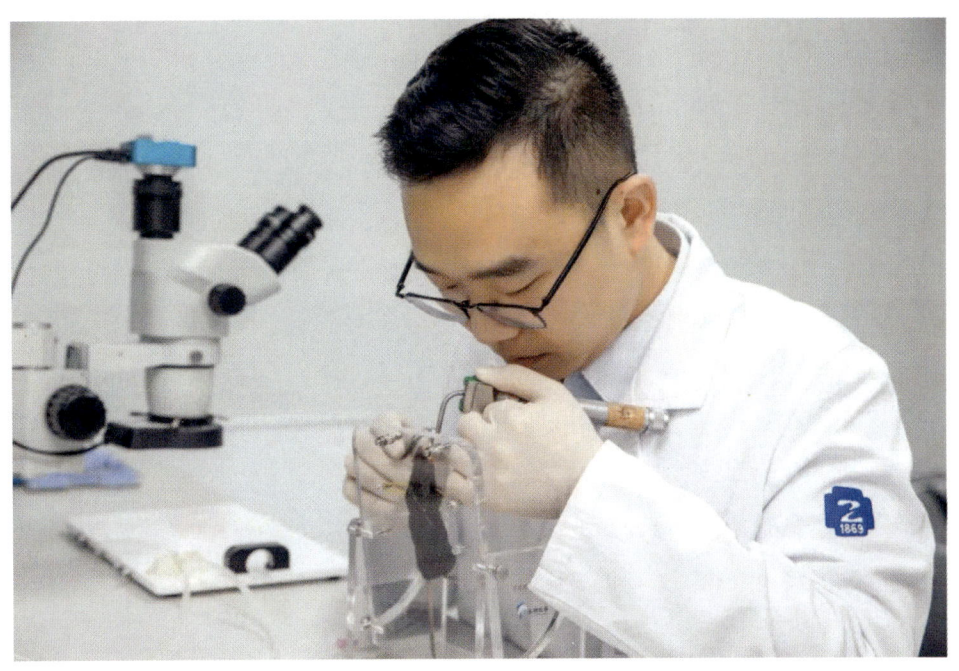

实验期间基本上每天在显微镜前坐12个小时

■ 中国每年约有一万人需要接受肺移植
  肺移植 5 年生存率却仅有 50%～60%

赵晋专攻的肺移植领域，很多人都有所耳闻。电影《周处除三害》中就提到肺癌晚期的患者，想通过肺移植来挽救生命。

据赵晋介绍，肺功能较好的早期肺癌患者，仅需手术切除部分肺叶就可以达到根治；而中晚期肺癌患者呼吸衰竭，无法手术切除肿瘤，只有经过严格、详细评估，确定没有远处转移，才能通过肺移植延长生命。

目前，肺移植受者更多的是良性病变、慢性终末期肺病患者，如肺纤维化、硅肺、慢性阻塞性肺病、肺动脉高压等患者。

在中国，每年约有一万人需要接受肺移植，而实际接受手术的不到 5%。2019 年，在陈静瑜教授和黄曼教授的牵头下，浙大二院肺移植科成立。2022 年，浙大二院开展的肺移植数为 148 例（全国并列第一），2023 年的肺移植数是 165 例（全国第二），且围术期的生存率为 91.5%，居全国领先地位。

需要接受肺移植的不仅有中老年人，还有年轻人。2023 年，浙大二院肺移植团队给一个快要高考的 17 岁孩子做了肺移植手术。因为支气管扩张伴感染，这个孩子从初中起就一直咳嗽、咳痰，和人正常交谈都受到了影响。

"他一直和我们说，自己最大的愿望就是像普通人一样生活。现在，这个孩子恢复良好，重回校园，准备参加高考，除了每天要吃抗排异药之外，跟正常人没任何区别。他又变回从前阳光开朗的样子，敲起了架子鼓。"赵晋谈道。

不过，不同于心脏、肾脏和肝脏，因为呼吸，肺脏跟外界相通，在移植后免疫抑制状态下容易发生各类感染，因此术后远期生存率相对较低（国际上肺移植术后的 5 年生存率仅为 50%～60%）。其中，一些受者在肺移植数年后逐渐出现慢性排异导致死亡。目前，医学界还无法得知其中的具体机制及有效防治方法，所以需要用动物模型去做模拟实验。

赵晋和他最得力的"伙伴"小鼠，目前所努力的方向即在于此。

■ 建立了小鼠肺移植最佳的生存模型
老外看到他的手术视频惊呆了

建立贴近人类相关疾病病理生理过程的动物模型是科学研究可靠性和可转化性的基石。小鼠基因背景清楚，且与人类基因相似度非常高，小鼠肺移植是目前研究肺移植病理生理机制的最佳动物模型。

赵晋现在的生活就是白天跟着陈静瑜教授参与临床手术，晚上去实验室进行小鼠肺移植研究。在小鼠肺移植上，赵晋也玩出了"花儿"。之前大部分小鼠左肺移植手术都是做前肺门吻合，他通过成百上千次的实验，发现后肺门吻合比前肺门所需手术时间更短、术后并发症更少，并以此为题发表了一篇论文，获得了美国梅奥医学中心胸外科教授的认可。

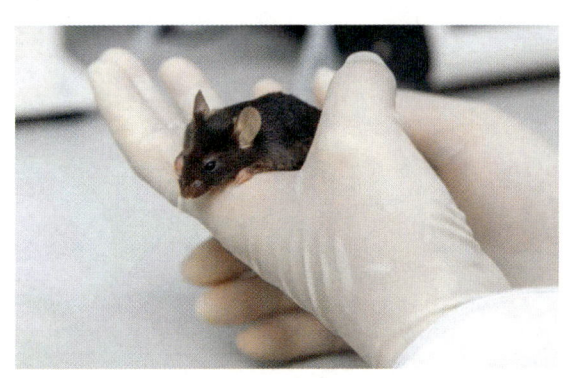

用于肺移植研究实验的小鼠

赵晋还关注到了小鼠左肺和右肺的区别。眼下，全世界99.5%的相关领域研究者都在做小鼠的左肺移植。但因为构造特殊，小鼠左肺功能仅占总体肺功能的25%。也就是说，哪怕小鼠的左肺完全失去功能，凭借右肺它依旧能够活下去。

"所以，如果仅进行左

国外学者参照赵晋小鼠左肺移植论文进行练习
（受访者供图）

肺移植，不能简单地以小鼠生存时间判断用药是否有效。"赵晋想到的是，先进行右肺移植，然后切除左肺或再进行左肺移植，可以更显著地反映出用药效果，也更符合生理机制。

2023年年底，他成功建立了肺移植最佳的生存模型——小鼠右肺移植模型。次年，又受邀到捷克布拉格参加2024年国际心肺移植学会（ISHLT）年会，"好多老外对这个模型感兴趣，跟我聊了很多。有些人不相信这个能做出来，我直接把录好的手术视频给他们看，他们都惊呆了。"

那一刻，赵晋体会了一把当"豪斯医生"的快感。在美剧里，这位医生经常用超出同行想象的方式解决疑难杂症。

小鼠肺移植手术也成了赵晋性格的"磨刀石"。他说自己的性格本来是风风火火的，做实验让他变成了一个能静得下心的人，越是危急时刻，越是能沉着冷静。

赵晋说，他会继续把基础实验做下去，去探究移植肺排斥的相关机制，没准有一天就能解开肺移植远期生存率低的谜题，"我现在觉得，只要把

赵晋向外国同行展示小鼠右肺移植手术视频
（受访者供图）

前面的基础打好，最后最关键的一步是水到渠成的。就像做小鼠肺移植时，只要前面供体和受体的每一个步骤都精细地完成，到最后吻合的时候，自然而然就能吻合上了。对病人也是一样，只要每一个手术步骤都做好了，每个细节都关注到了，最后的康复就是可以预见的。"

海洋"数字牧人"

林峰 83年
一米八海洋科技联合创始人

"希望把在大厂学到的东西，带到农村更广阔的天地里，做力所能及的事。"

林峰：互联网大厂技术大牛养出黄鱼界的顶流

沈积慧

2023 年年底，由阿里原高管团队创立的一米八海洋科技有限公司带着卧薪尝胆两年开发的新品——一米八鲜活贻贝和一米八生冻大黄鱼悄悄亮相。新品一上市就获得了众多吃货海量好评。

"一米八"的背后，是一群来自互联网大厂的年轻人。

作为联合创始人，林峰曾经更被业内知晓的身份，是国内数据可视化领域的技术领军人物。在投身最传统的行业后，林峰和"一米八"的愿景，是通过技术创新提升农业效率，为消费者提供更高品质的食材，同时让农民获得更高的收入。

■ 曾在蚂蚁带几百人团队的技术大牛下海养鱼

一米八海洋科技核心创始团队成员大多来自蚂蚁和阿里，林峰便是"一米八"的"3 号员工"。

在正式加入一米八海洋科技之前，林峰做过百度工程师，也自己创过业，2016 年加入蚂蚁集团后，成为蚂蚁集团中台产品体验技术和数据可视化方向负责人，带领几百人的团队。

和光鲜的互联网行业相比，农业是一个风险高、回报周期又特别长的传统行业。所以前阿里合伙人、蚂蚁集团前 CEO，现任一米八海洋科技董事长，也是"一米八""1 号员工"的胡晓明（花名：孙权）对很多前来的人都是先劝

林峰

林峰（右）与胡晓明

退，充分告知接下来可预见的种种困难。

林峰是爱折腾的性格，农村长大的他对乡土有着天然的情怀，"希望把在大厂学到的东西，带到农村更广阔的天地里，做力所能及的事。"

技术和农业有什么关系？虽然许多人追求自然生长的食材，但是受限于环境和条件，全球顶级的食材往往来自人工的科学饲养：和牛被认为是最好吃的牛肉，而其是用精制谷物精心饲养出来的；挪威三文鱼因有过饲料配比的调整，比20年前的野生三文鱼更好吃……

过去两年，"一米八"团队调研了全球12个国家、35个城市，走访了107家企业、科研院所和海产品市场，最后决定从中国最常见的两个海产品入手：贻贝和大黄鱼。

■ 贻贝在国内市场受到最高规格"待遇"

说起贻贝，很多人会想到淡菜——农贸市场里一种可有可无的小海鲜。在广州长大、喜欢美食的林峰敏锐地察觉到，贻贝是一个被市场远远低估的产品。

贻贝

"大家都知道佛跳墙是一道非常高端的料理，不管里面的食材多么名贵，总有一种看不见但特别重要的食材在其中发挥着巨大作用：贻贝干——三年长成的贻贝晒干熬出来的酱汁极其鲜美。"

作为顶级菜品佛跳墙必备的食材，除了口感好，贻贝还有一个重要的特点是营养价值非常高。根据联合国粮农组织（FAO）和世界卫生组织（WHO）的推荐，贻贝的氨基酸比例是理想氨基酸模式，营养价值远高于一般贝类、鱼、虾和肉类。

那为什么在市场上，贻贝始终是一类廉价的小海鲜？

林峰和团队成员踏上了溯源之路。在号称"中国贻贝之乡"的浙江枸杞岛，傍晚，他们跟着岛上的渔民一起出海捕捞，观察他们如何在码头加工，如何走船运、走货运，抵达岸上后又如何在一级、二级批发市场流转直至商超，以及如何在市集上摆卖。

浙江枸杞岛

同时，他们走进中国海洋大学、浙江海洋大学等科研院校，拜访海水产养殖、食品加工方面的专家学者，寻求将鲜活贻贝以"活且鲜"的状态送到消费者手上的最佳链路、最短时间。

他们很快发现，贻贝的工业化养殖程度非常低，距离国外贻贝养殖、加工、生产科技化模式仍有较大差距，同时运输链路非常长，经历几次冷藏、常温的仓库流转，结果就是终端消费时贻贝的"活而不鲜"。

"从培育到餐桌的各环节都有巨大的提升空间，我们希望通过技术手段，来全面提升国产贻贝的价值。"林峰说。

一群整天跟电脑打交道的年轻人，通过不断地测试，最后锁定了影响贻贝新鲜度和口感的两个最核心参数：温度和氧气。

花了半年时间，经历上百次设备调试、充氧量配比和冷链物流推敲等，最后，团队研发出了一套解决方案。这大概是目前贻贝在国内市场受到的最高规格"待遇"：上岸"三去"处理、包装充氧锁鲜保活、0~4℃全程冷链护送。

合适的生存环境让贻贝在运输过程中处于半休眠状态，且能在盒中吐沙、吐水，让消费者买到手的贻贝，真正做到"开盒即烹"，吐过海水、在充氧环境中存活的贻贝，口感也变得更加清甜。不少用户留言："比在海边吃到的还好吃。"

■ 为大黄鱼绘制了一张生命周期图

全球99.8%的大黄鱼生长在中国东部沿海，中国也是全球唯一的大黄鱼养殖国家。不过，在20世纪70年代至80年代，由于过度捕捞，野生黄鱼一度濒临灭绝。

这也是林峰和"一米八"团队很早就选定大黄鱼的原因。"这应该成

大黄鱼

为一条国鱼。"林峰常说。

从北到南，从渤海湾到南海，林峰走过中国东南部所有海域，吃遍几大海域养殖的、野生的，价格从12元到3000元不等的各种大黄鱼。

经过一年多的考察和调研，最终他和团队选择了在北纬27度、离岸45千米的南麂列岛进行大黄鱼养殖。这里是我国海上生物最多的海岛，联合国生物圈保护区、国际重要湿地和国家级海洋自然保护区，也历来是野生大黄鱼产卵与洄游索饵的理想之地和大黄鱼产卵场保护区。

调研中，林峰发现，因为角度不同，老渔民和养殖专家所描述的大黄鱼生命周期是不一样的。于是，他把所有观点整合后，画了一张清晰的大黄鱼生命周期图。

有老渔民感慨：养了20年的大黄鱼，第一次看到大黄鱼的整个生命周期

南麂岛海域

可以用这样的方式表现出来。

"一米八"对养殖基地的设施布局和配套也重新做了规划。比如渔民用的网箱大概是 8000 立方米,"一米八"将黄鱼的网箱扩大到 50000 立方米,养殖密度控制在每立方米 8 尾以下。有了足够的运动空间,黄鱼体形更美,肉质也更佳。

"未来养殖场的水体要达到 30 万甚至 100 万立方米。"林峰说,"在一个超大规模的养殖环境里,可以布设完全自动化的设备。"

除了优选品种、优化养殖环境,为了保证大黄鱼的最佳品质,新上架的一米八真鲜大黄鱼,将供应链作了进一步提优,掐着时间表调整生产作业时间:晚上大黄鱼捕捞上岸后,连夜送到温州的加工厂里加工。凌晨 2 点,加工好的大黄鱼从加工厂发车,当天到达盒马的大仓,并在第二天送到盒马的各个门店。

海边现捕大黄鱼后烹饪

■ 看到清华北大高才生也来养鱼
老渔民想让孩子回来接班

2023年4月10日,习近平总书记在广东湛江市东海岛国家863计划项目海水养殖种子工程南方基地视察时强调:"水产品的营养价值很高,提高我们国民的身体素质,把水产搞上去,把蛋白质搞上去很重要。耕海牧渔,发展海洋经济大有可为、大有前途。"

"我们也希望越来越多的年轻人回归、投身农业。"在"一米八"公司里,1983年出生的林峰属于"高龄"员工,大部分员工是95后,甚至00后,除了水产养殖学专业的大学毕业生,还有"渔三代"。

每天和渔民生活在一起,早上4点起床喂鱼,晚上11点出海捕鱼,在加工厂里经常连续作战到凌晨2点多,再打包、发货……这是"一米八"生产、物流团队工作的常态。

准备起捕贻贝

与渔民生活在一起

参与前线销售

在国内农业领域，这样的企业并不多。在嵊泗列岛和南麂列岛，目前还在坚持养鱼的都是五六十岁的老渔民。很多学农业或水产专业的大学生毕业后投身各行各业，真正回归农业的非常少。

刚开始，当地老渔民对这些城里来的年轻人并不看好，甚至有点抗拒。因为他们不知道这些在互联网大厂里拿着高薪的年轻人，在这里能待多久，可能玩玩就走了。

慢慢地渔民发现，他们不仅没走，还认真地钻研养鱼技术。一位老渔民曾和林峰袒露心声："以前我希望我的孩子读完书离开岛，不要回来。今天看到你们这些清华北大的高才生，放弃了那么高的工资来搞农业，还帮我们做优化和改进，我觉得可以让孩子来接我的班，跟你们在一起，说不定还有一些创新。"

"年轻人的加入，可以让农业更好玩。"林峰说，他希望通过"品牌化""标准化""工业化""智能化"方式，让更多像贻贝、大黄鱼这样的海产品实现高质量发展。

罗卫波：推动健身器材智能化转型

童 蔚

屏幕中的你，骑行在蜿蜒曲折的乡间小道，微风轻拂，与迎面走来的大叔挥手致意，耳边不由得响起歌词："还记得你说家是唯一的城堡，随着稻香河流继续奔跑……"

屏幕外的你，正在家中客厅卖力地蹬着动感单车，心里无数遍默念："刷脂，暴汗，月瘦十斤……"

在健身器材领域深耕近十年，麦瑞克创始人罗卫波这两年一直在琢磨一件事：如何打破运动的枯燥感，激发更多人的健身热情？于是，实景游戏被他看作破解"健身反人性"难题的一把钥匙。

就像爆火的 Switch（任天堂旗下游戏机）游戏《健身环大冒险》一样，在玩游戏和健身的路上，可能还有一条路：玩健身。

■ 用游戏对抗健身的枯燥

距离喧闹的杭州滨江宝龙广场不到 1 千米的地方，坐落着一幢环境清幽、被绿植包围的写字楼——先锋科技大厦。这里曾经走出了 A 股上市公司电魂网络，如今是麦瑞克的地盘，占据七层楼的办公空间。

设计成红蓝白三色跑道的过道，通往运动器材展示区：大落地镜前放置着跑步机、动感单车、划船机、椭圆机，以及各种马卡龙色的哑铃、壶铃……整个空间宛如一个健身房。

宛如健身房的办公空间

刚开完两场会议的罗卫波，不假思索地走向其中一款"黑武士"配色的动感单车，"这款单车的开发花了一年半时间，2021年开发完毕，附带游戏功能。"就在这一年，麦瑞克初次接触了骑行游戏。

"沉迷工作"的打工人，大概率有过间歇性"觉醒"的时刻，觉得自己必须开始运动了。然而，各种健身器材被扛回家后，没派上几次用场，便已成为晾衣服、搁鞋子的地方。

如何让健身器材摆脱"闲置、吃灰、转卖"的宿命？这可能是全球同行正在努力攻克的难题。有人在器材上装彩屏，引入娱乐节目，也有人做音乐跑，后来大家又都玩起教练直播带课……游戏化，是罗卫波的最新尝试：既然健身反人性的事实无法改变，那么就让它变得有爱、有趣和有吸引力。

他们在2022年大手笔地组建50人的游戏研发团队，投入开发《绝影之竞》。这款游戏有点像运动版《跑跑卡丁车》，你可以和好友创建房间，进行友谊赛，也可以和全国骑友竞速PK。

《绝影之竞》上线后的半年里，用户总数翻了一番。"日活数据比较稳定，没有大起大落,这表明用户比较容易坚持。"这更加坚定了罗卫波对于游戏化策略的信心。

古墓迷踪、迷失戈壁、熔石危机、无尽密林、失落村庄……IP(知识产权)课程《绝境求生》里,一系列探险场景等待被解锁。新近研发的仿实景西湖赛道,让用户不出家门就能绕西湖跑、骑、划。如果将这些课程投屏在客厅的电视机上,将会获得更好的沉浸式体验。

《绝影之竞》游戏截图

《绝影之竞》"西湖赛道"白堤比赛场景

■ 懵懂入行　找到真爱

在走游戏化路线前的很长一段时间里,麦瑞克的健身器材靠着"颜值"打天下,比如改造工业风的椭圆机,做出了一批白色系、木纹系的器材,更能融入家庭环境。罗卫波毫不掩饰地表示自己是"颜值党",并且大多数时候"审美在线"。

"当时这个行业的很多人可能不太懂电商操盘,只会打价格战、刷单""许多玩法出自我手""降维打击""形成压制"……与罗卫波交谈时,大概率可以从他口中听到这些自信的话语——透露出其杀伐果断的个性。旗下划船机、椭圆机、动感单车的销售额2022—2023年全渠道第一;麦瑞克连续两年进入杭州准独角兽企业榜单,成为国家体育总局训练局合作伙伴……靠自己的双手拼下的这份成绩单,是罗卫波说出这些话的底气。

1987年出生在湖南益阳的罗卫波,从汕头大学毕业后在当地找的第一份工作是阿里"中供铁军"。这是一个以超强执行力、严格管理和卓越销售业绩著称的 B2B 销售团队，在阿里的早期发展中扮演了重要角色。

两年后，他与同事联合创办汕头乐淘电子商务，主营玩具，营收一度做到千万元。不过很快，罗卫波就觉得遇上了

《绝影之竞》线下活动

瓶颈，于是决定先到大城市里的大公司学东西，北上广深杭都在考虑范围。

此时，一位猎头看中了他的阿里出身和创业履历。他心想着"那就去看看吧"，随手订了张机票。没承想，命运的齿轮就此运转。

这家伸出橄榄枝的公司，就是跑步机品牌亿健。双方相谈甚欢，罗卫波当天便被留了下来。直到一个月后，他才回到汕头，把乐淘交接给合伙人。

2014—2017 年，罗卫波作为亿健的经销商，搭建线上销售体系，巅峰时一年为亿健贡献销售额近 10 亿元。

2018 年 5 月，他投入全部身家再次创业：创立麦瑞克，选择从动感单车和划船机入手，形成错位竞争。彼时，健身器材市场上价格战正酣，可如果继续价格下探，将难以实现长远发展。他便采取反向策略，把品质和体验提上去。

2020 年，麦瑞克组建产品研发部门，从电商营销驱动型公司，逐渐转型为研发驱动型的运动科技公司。

"懵懵懂懂入行，结果找到了真爱。"罗卫波这样总结自己的创业经历。

新员工入职后要上满 9 节运动课

"你看，骑行者比例不太对，需要继续调整。"一间能容纳四五十人的大办

公室里，每个人面前都摆着两台大尺寸电脑，有的在修改人物胳膊，有的在调整人物位置。这里就是游戏研发部，大家正在为即将上线的实景游戏冲刺，此前已前往千岛湖等地实地取景。

这些年轻人在加入公司后，都经历过一项特殊"考核"：上满9节运动课。"这已成为公司的传统。入职的新人大多对这一行不太了解，通过体验课程，就可能以新用户的角度，提出一些专业人士忽略的问题。这些反馈将有助于开发和改进产品的功能。"

不久前，罗卫波还对一个岗位提出了新的要求："我们的产品经理不允许不热爱运动。"

于他自身而言，跑步是众多运动中最爱的项目。"这两年，为了把产品做得更好，已将平日的运动从户外更多地转向了室内（跑步机）。自己得先做一个深度的用户。"

对话"新青年"

● 筋膜枪是风口型品类

都市快报·橙柿互动：不少人第一次听到麦瑞克这个品牌，其实是因为筋膜枪。这应该算是您做得比较成功的单品？

罗卫波：2019年，筋膜枪的搜索热度突然暴涨，我们很快开始研发和投入市场，并借助热门综艺IP，以及直播做推广。应该说，当时麦瑞克是赶上了筋膜枪的风口，最火时，它一度占到整个公司商品交易总额（GMV）的80%左右。

现在回想起来，筋膜枪其实算是风口型品类。这类产品往往在短时间迅速走红，随着热度褪去，市场表现也会回落，对于企业长期稳定的发展贡献有限。所以，我们最后还是回归家用大型健身器材。

● 明星健身博主帮助扩展了种子人群

都市快报·橙柿互动： 听说某明星健身博主直播跳操爆火那阵，健身器材销量暴跌？

罗卫波： 他最火的那几个月，大家都去跳操了，买瑜伽垫之类的，公司的销量差不多降了20%。

当时，我们做了理性分析。短期来看，它影响到销量，似乎不是好事。但从长远角度看，他带动了很多不愿意运动的人动起来，建立起运动习惯，其实是帮助我们扩展了种子人群。后面，我们的销量就慢慢恢复到正常了。

● 做大型实景游戏有门槛

都市快报·橙柿互动： 您是怎么想到花力气开发实景游戏的？

罗卫波： 在创新的路上，总是要做多个方向的尝试。我们开发的第一款游戏是二次元场景，宝妈、小朋友很喜欢，但25～40岁的男性用户对二次元可能就不太"感冒"，会觉得幼稚。

所以，现在就要针对这些核心用户开发实景游戏。放眼全球，实景都颇受用户喜欢。而我们正在进行的，就是如何将游戏元素融入实景并提升沉浸感，以期打破传统运动的单调性。这也是我们建立更宽"护城河"的尝试。

● 健身器材从非智能化向智能化转型

都市快报·橙柿互动： 近十年，中国人的运动习惯是不是有了巨大的变化？

罗卫波： 我入行的头两年，大家对运动的了解相对有限，一提到室内运动，可能就只会想到跑步机和动感单车，这是当时最火的两个品类。

随着时间的推移，人们对运动的认识逐渐加深，健身市场也经历了消费升级，器材种类细分。比如我要练臀，或者减少运动伤害，就会选椭圆机；若要练背部及全身，划船机更为合适；家庭面积小，动感单车是个不错的选择。

现在，健身器材行业正经历着一场数字化的变革，从非智能化向智能化转型，硬件、软件和内容三位一体。

● 开拓海外市场还有很长的路要走

都市快报·橙柿互动： 您之前带队去了趟德国科隆健身健美及康体设施展览会（FIBO），有什么收获吗？

罗卫波： 此行的目的，一是探索海外市场，麦瑞克的出海之旅始于2022年；二是希望发现值得学习和借鉴的东西，可用于国内产品研发。

其实，海内外消费者在健身器材消费上存在一些差异。比如全世界的人都喜欢美的事物，但大家对于美的理解会因为文化差异而有所不同。中国人喜欢圆圆的东西，而在美国，健身器材的整体设计风格会更偏硬朗。

在亚马逊会员日期间，我们的一款划船机两天卖出4500台，相当于国内半年的销量。这也表明，海外市场很广阔，有长期耕耘的潜力。

麦瑞克的出海之旅

机器视觉"神笔马良"

李涛 80后
先临三维董事长兼CEO

"一项技术能有广泛的应用领域是好事，但如果什么都想做，恰恰有可能什么都做不好。"

李涛：深耕3D视觉，让AI拥有人类的"眼睛"

储 帆

"大自然花费了数百万年时间，让人类进化出空间智能，眼睛捕捉光线，将2D图像投射到视网膜上，大脑将这些数据转换成3D信息。"

这段话出自"AI教母"李飞飞。不久前，她宣布创业，方向是"空间智能"。在她看来，充分了解人类所生活的3D世界，是人工智能实现下一步突破的重点。

无独有偶，在2024年3月结束的英伟达GPU技术大会（NVIDIA GTC 2024）上，英伟达创始人黄仁勋表示，"下一波AI浪潮将是AI对物理世界的学习。"

而与3D视觉技术打交道这件事，位于杭州萧山"中国视谷"的先临三维已经做了20年。

■ 纺织生意孵化出先进制造"独角兽"

时间拨回到2004年，李涛从浙江大学国际金融专业毕业后，在导师的引荐下，体验了3D技术，当即被吸引；同样对这一技术充满期待的还有当时位于萧山的一家民营纺织企业——"永盛"。因为李涛的创业热情加上永盛对技术创业的支持，3D的火种就此而生。同年12月，先临三维成立。李涛带领团队探索了一条从技术、产品到市场应用的全新路径。

"我们的第一款产品是高分辨率、能实现瞬时拍摄的三维相机，用非接触式结构光技术获取物体的三维模型。"李涛解释,原先一张照片里的信息是平面的,通过三维呈现就可以在真实空间里获得物体的位置、角度、尺寸等信息。

他透露,当时这款产品在国内还没有市场,只能远销海外发达国家。"我们根据光的特点给公司取了英文名'shining',后来才音译成'先临'。"

2024年4月,挂牌新三板的先临公布了2023年的业绩:营收10.18亿元,增幅32.56%;归母净利润1.42亿元,增幅622.5%。其中的绝大部分营收来自3D扫描仪。

3D扫描是科幻片里几乎必备的场景。先临三维通过高清摄像头和激光发射器,再借助算法快速获得复杂物体的精准三维模型。目前,这一方案被广泛应用于汽车工业、航空航天、能源重工、电子电器、文博艺术、齿科医疗、康复矫治、虚拟现实、教育科研等行业。

在《2024杭州独角兽&准独角兽企业榜单》里,先临三维是新晋的3个"独角兽"之一,成了先进制造的代表。

■ 让微米级的尺寸"误差"无处遁形

何为先进制造?李涛认为,先进制造意味着更高的效率、更强的品质以及更低的损耗。以一辆车的生产为例,全车上万个零件,一旦一个零件超出误差标准,就会导致返工、浪费,打破生产节奏。

要想实现精准组装,每一个零件都要做尺寸控制,而高精度3D视觉扫描技术,是工业制造领域进行全尺寸控制的优选方案——通过3D扫描快速获取零部件全尺寸信息,导入软件匹配,加工误差清晰可见。

目前,先临三维的高精度工业3D扫描仪最高精度已经达到了5微米,差不多是普通人一根头发丝直径的十分之一。

"这20年,我们一直在做的就是让精度更高、更稳定。"李涛表示,影响一台设备精度的因素有很多,涉及成百上千个控制点,每个点都要做大量测试,

手持式激光三维扫描仪

从而找到发挥硬件性能和算法的最优解,实现精度提升。

有了好产品,还得想办法卖出去。大约在10年前,先临三维向客户推介产品和技术,经过测试验证,客户的认可度和接受度很高,但就在准备引入时却发现没有相关标准支持。

"如果没有相关标准,就只能算作科研项目。"李涛表示,从那个时候开始,公司着手推进3D测量相关行业标准的制定。截至2024年5月,先临三维已经主导或参与制定了3D测量领域1项国家计量技术规范、1项国家标准、2项行业标准,这也成为高精度3D视觉产品和技术在更广阔领域应用的依据。

■"刷个牙"就能生成牙齿模型

除了在工业制造领域的应用,近些年先临三维进军齿科医疗领域,推出了齿科数字化解决方案——用一台长得像"枪"的口腔数字印模仪对准牙齿,用"刷个牙"的工夫就能完成牙齿全套的3D建模。

李涛回忆,2011年,有义齿领域的生产商向他们定制3D扫描和打印方案,他们发现义齿制作过程中的取模、实物制作、定制设计等环节,和工业生产流程非常相似,"开发这个领域,至少有六七成的技术逻辑是相通的。"

经过产品的多次迭代,2019年,先临三维发布的新款手持口腔数字印模仪,一举打开了全球齿科数字化市场,也让3D扫描技术从工业领域走进每个

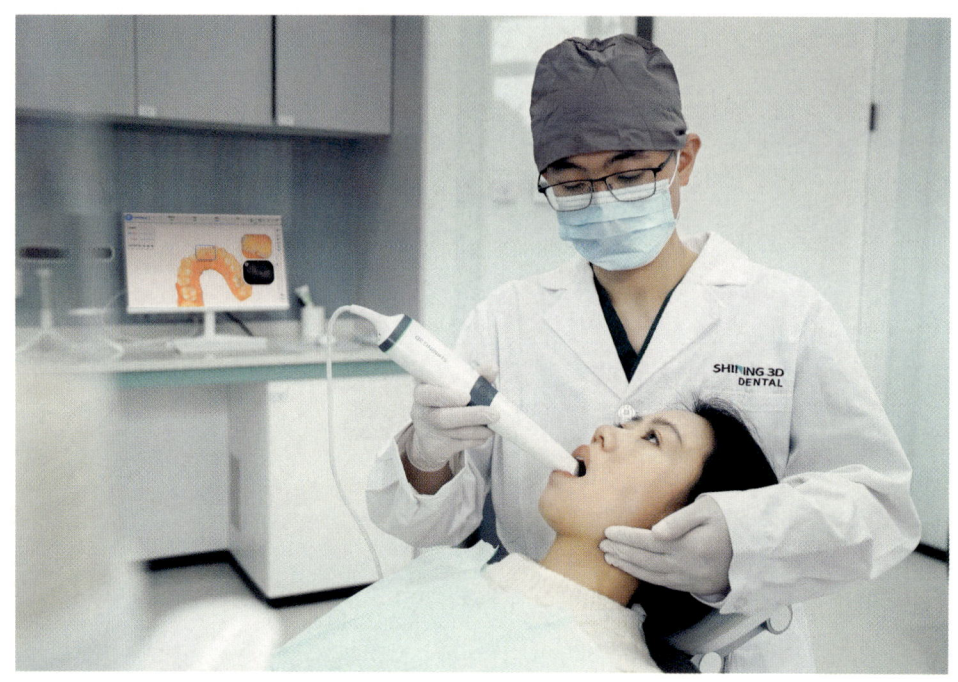

手持式口腔数字印模仪

人的生活。

借助这一技术，普通人到牙科医院做矫正、种植牙等项目，不需要咬厚厚的硅橡胶来取模倒模，只要用装有探头的仪器在口内轻轻扫描一两分钟即可。

这套 3D 模型让患者能直观地看到自己牙齿的情况，医生也可以通过软件制订下一步的治疗方案，并通过 3D 打印直接获得实物模型。李涛透露，生成的牙齿模型全口误差在 50 微米以内，单颗牙齿的误差在 10 微米以内。

■ 第四次视觉革命
让 AI"看懂"真实世界

回顾先临三维走过的 20 年，李涛认为公司发展的"分水岭"出现在 2019

年。这一年,通信技术领域发生了一件大事,中国正式进入 5G 商用时代。他认为,信息传输技术迈上新台阶,大容量、高精度的三维数据将会有更广阔的应用天地。作为"技术流"的掌门人,他连续十几年坚持将公司年营收的 20% 投入研发。

1826 年,人类第一次通过拍摄的手段获取到了一张黑白照片,通过机器获取了真实的影像信息。后来的 100 多年,从黑白照片到彩色照片,从胶卷时代的模拟信号到手机的数字信号,从低分辨率影像到高清影像,机器视觉经过了三轮技术革命。

伴随着 AI 的迅猛发展,所有科技公司都在思考,如何让机器像人一样感知和理解现实世界?

正如李飞飞所说,3D 视觉所代表的"空间智能"将会开启第四轮视觉革命:让机器获得人的"眼睛",通过光线看清三维世界中的物体,并加以识别和理解,最终在大脑中形成认知或决策。

打个比方,所有人看到猫把杯子推向桌边,就能立刻意识到接下来会发生什么,并及时采取行动。在 AI 发展的下一阶段,机器将通过大量学习 3D 数据,拥有对空间的判断能力。

作为 3D 视觉领域的先行者,李涛明显感觉到各行各业对于 3D 数据的使用需求在急剧增长,这令他更加笃定公司的发展战略:"一项技术能有广泛的应用领域是好事,但如果什么都想做,恰恰有可能什么都做不好。"

他介绍,目前公司 38% 的员工是研发人员,平均年龄 29 岁,团队成员的年轻化主要是因为公司近几年在海内外顶尖高校开启了大力度的校招。这支年轻团队的研究方向也很明确:专注高精度 3D 视觉扫描技术和配套软件、硬件的开发,继续打磨这把开启 AI 时代的钥匙。

苗奘 84年
水母智能创始人兼CEO

AI 漫画
"梦工厂厂长"

"AI 已经改变了传统漫画的创作流程，让平台用户可以更自由地参与到工作流中来。"

苗奘：减少 50% 的制作环节，助力 AI 漫画商业化

储 帆

苗奘的微信头像是一个长着精灵耳和洁白翅膀的少女——她不出自任何一部动漫作品，也和苗奘本人的形象和爱好相去甚远。

"用这个头像是为了融入我们最初的用户群体，一群 17 岁左右的喜爱二次元文化的年轻人。"那时，苗奘创立的智能设计公司"水母智能"开始全面拥抱 AIGC。

2022 年 9 月，他们在 QQ 频道上线了"触手二次元"机器人，让用户通过简单对话就能让 AI 画图。这个初代产品在 QQ 频道收获了近百万用户，高峰期一天就有近 700 万张图生成。

为了搞清楚大家都在画什么，她和团队"潜伏"进不同 QQ 群和频道观察，惊讶地发现大家都在画自己的"二次元老婆"，用 AI 为角色创作出新的剧情。

2023 年 4 月，水母智能正式上线全国首个 AI 漫画工具"触手 AI 专业版"，为漫画创作者及爱好者提供专业的 AI 创作工具及社区。

短短一年时间，触手 AI 多部 AI 商业漫画上线腾讯漫画、快看漫画等平台，全网漫画人气值超 4 亿；随后登录"爱优腾"等视频平台，还在"动漫之国"日本的四大漫画平台，以及东京首都电视台亮相。

■ 减少 50% 的漫画制作环节

在 AIGC 的浪潮来临之前,苗奘创立的水母智能已经在用 AI 算法做设计了。当时他们的核心业务是面向小微企业的 LOGO 和包装设计,让设计的成本降到几十元。

2022 年下半年,知名的"文生图"应用"米德朱尼(Midjourney)"发布,苗奘和团队敏锐地感觉到了这次变革的重要性。他们果断地选择切换赛道,全员投入 AIGC。

"做出转型的决定后,所有人都迎来了身份的变化。"苗奘说,"比如设计师都变成了能写参数代码的产品经理,原来传统行业的漫画师现在是模型指令训练工程师。"

和大部分 AI 绘画平台不同的是,触手 AI 面向专业漫画师推出了专业版 AI 原生一体化工作台,能大幅减少原先商业漫画的创作环节。

苗奘介绍,传统的漫画创作从编剧、画分镜到后期,一共有 11 个环节,现在在触手 AI 平台上可以变成 5 个,中间线稿、粗草、填色等环节只需要交给 AI。"我们直接干掉了漫画创作 50% 的环节。"

这背后是触手 AI 的漫画创作团队凝结的大量经验。

苗奘说,漫画里有很多专业细节,比如人物的英雄姿势、防御姿势,特效也分为冲击波、能量波,这些漫画效果是通用基础模型无法实现的。触手 AI 专业工具提供了大量专供漫画场景的表情、特效、动作等生成能力。"目前,光是冲击波的类型就有上百种。"

■ 54 岁电商设计成功转型 AI 漫画师

除此之外,触手 AI 也面向普通用户推出了低门槛的漫画生成工具。只需选择文字关键词、感兴趣的风格,这套工具就能提供从创作故事到角色设定、分镜绘制、台词标注的全流程制作，帮助用户一键生成漫画。

截至 2024 年 4 月，触手 AI 已经拥有超过 300 万名创作者。比起"用户"这个词，苗奘更喜欢称他们为"创作者"，因为他们绝大多数不是传统漫画行业的从业者，而是第一批能通过驾驭 AI 来发挥创作热情的普通人。

为了让更多人加入 AI 漫画的创作行列，触手 AI 面向新人创作者发起了漫画培训营。让苗奘印象深刻的是第一期学员中，一位 54 岁的阿姨。

"在线上学习期间我们不知道她的年龄，但她的学习进度很快，结业时间比很多同期生都早，也一次性通过了我们的商单测试。"苗奘说，后来她成了触手 AI 的签约漫画师，直到签合同的时候才得知她已经 54 岁，之前做过电商设计。

2024 年，水母智能正式发行了由触手 AI 社区用

触手 AI 绘画小程序界面

户创作的 AI 商业漫画，短短 4 个月全网阅读量飙升至 4 亿以上。AI 动态漫画《我主宰了灵气复苏》上线腾讯等视频平台后，获得了全网大量好评。很少有人知道，其幕后的制作团队中就有这位 54 岁的阿姨。

"AI 已经改变了传统漫画的创作流程，让平台用户可以更自由地参与到工作流中来。"苗奘说，如今已经有很多来自三、四线城市甚至乡镇的非漫画专业的 AI 创作者，有的是学生，有的是公司职员，通过 AI 商业漫画能获得几千到上万元的收益。

■ 产研转型的两个月大部分时间都睡在公司"死磕"技术

1984 年出生的苗奘是山西人，从山西到北京，再到伦敦，她最终获得了设计和创新管理双硕士学位。2009 年，她进入国内知名设计公司洛可可创新设计集团。

在庞大的设计集团里，苗奘一直担任的是"开拓者"角色。2009 年，她担任洛可可伦敦公司创始人，负责集团在欧洲的设计项目。2016 年至 2019 年，她带队主攻智能出行和智能软硬件体验领域，为奥迪、宝马、华为、蔚来等品牌打造了多款产品，获得了多项国际设计大奖。此外，她还负责探索以人工智能驱动的设计业务 3.0 模式。

当时，苗奘出差来到杭州，就动了在这里扎根创业的念头。苗奘说，杭州有一种生活化的气息，即使是小商品也能有大商机，她决定从"细枝末节"入手，用设计服务小微企业。

2020 年年底，苗奘在杭州创立智能设计公司水母智能。"我的父亲就是一个连续创业者，一直到 65 岁还在创业。从小到大，我们家的经济状况也几经波折，有过风光，也受过穷，所以我创业的心态一直很坦然。"在她看来，更重要的是，父亲的创业经历让她对经济周期有极高的敏感度，在大势变化的时候，她总是敢于调转方向，去尝试新的上升机会。

这也意味着她必须一直冲在主动学习的路上。苗奘说，在这产研转型的两个月，她大部分时间都睡在公司。"晚上下班后我会一直'磕技术'到凌晨三四点，把下一阶段的技术路线理得非常清晰。在这个技术驱动的公司，我也一直保持着不能掉队的紧张感。"

在杭州打造 AI 漫画"梦工厂"

近几年，全球漫画市场规模一直在持续增长中。根据恒州博智（QY Research）的统计数据，2023 年全球网络漫画市场规模约为 365.4 亿元。

"高质量商业漫画总是稀缺的。"苗奘指出，"无论在海外还是国内，只有前 5%～10% 的漫画，也就是 A 级到 S 级才是盈利的。"

因此，苗奘认为现阶段触手 AI 的定位，是"打造一个可以持续规模化生产 A 级商业漫画的梦工厂"。

除了为更多有创意的内容生产者提供低门槛的漫画工具，触手 AI 还为创作者打通了 IP 授权的内容变现模式，已通过和阅文集团、中文在线、书旗、百度阅读等网文平台合作，拿到了 150 部漫画的独家 IP、250 部漫画的授权 IP，集结社区签约 AI 漫画师对优质 IP 内容进行漫画改编。

"杭州是'动漫之都'，这里有大量的头部动漫创意和技术企业，形成了强大的产业优势。这对于新入行的企业有很强的吸引力。"苗奘说，她个人当初决定扎根杭州创业，还有一个很重要的原因是，"这里的生活环境能够孕育出优秀的创作者和好故事。"

2024 年恰好是中国国际动漫节 20 周年。在首届中国国际动漫节举办之前，杭州的动漫企业还不到 10 家，不能生产出一部完整的动漫游戏原创作品，行业数据几乎为零。

但到 2023 年，杭州动漫游戏产业全年营收突破 500 亿元大关，动漫游戏企业达 264 家，2 万多人在杭州从事动漫游戏相关工作。

训练角色 1

训练角色 2

场景

在海外发行的第一部由中文在线旗下 IP 小说改编的 AI 漫画作品

此前，相关领导在介绍这届动漫节时，特地强调了"动漫 + 科技"。在杭州，好的动漫内容与高科技相结合，已经成为动漫影视产业的风向标。

2023 年"点燃"暑期档的动画电影《长安三万里》，就是部分团队搬到杭州后的追光动画打造的。电影中的大量造型、场景和道具的渲染，是在阿里云的云端完成的。

这也让苗奘看到了 AI 漫画的下一步发展方向，"如果文生视频大模型发展到一个拐点，动漫一定会有更大的发展空间。这也是我们的机会所在。"

应李一：以电商宣传模式，推动水果玉米品牌化

周 涛 卜 金 董 倩

"终于等到了。""真好吃，爆汁没有渣，一口气吃5根。"

以上惹得吃货们啧啧称赞的水果玉米，来自建德市航头镇航川村的"玉见农场"。农场主人名叫应李一，出生于1993年。从英国硕士毕业回国后，她于2021年5月在航川村云山下成立了"玉见乡甜"种植基地，成了村民口中的"玉米姑娘"。

2023年9月，这位"玉米姑娘"又变身"玉米博士"——去北京工业大学数学系读起了博士。

在2024年玉米上市的这个初夏，她更多时间是在北京工业大学的教室里度过的。

■ 小学时的梦想就是"创办一个属于自己的农场"

翻阅应李一的简历，怎么也不能把她和玉米、和农业联系起来。她在北京读大学时学的是工业设计，然后去英国读了设计管理硕士，回国后进入一家跨国企业，其间统筹主办了"成都·迪拜国际杯——温江·迈丹赛马经典赛"。

"我从小就对农业有兴趣。"应李一说，小学时，她在同学录"梦想"一栏填的都是"创办一个属于自己的农场"，连自己的大学毕业设计都是果蔬包装设计。

机缘巧合下，应李一的母亲真的经营起一家农场。凭借着对农业的向往和热爱，每逢节假日，应李一都会在农场住上一段时间，久而久之，自己也成了

应李一与母亲

半个"土专家"。

2021年,母亲退休了,怀揣着自己的梦想,在家人的鼓励下,应李一毅然辞去跨国公司的高薪职位,跟随母亲的足迹开始从事农业。她走访乡镇筹备基地建设,考察水果玉米种植,了解行业前沿技术和产业发展方向,同年5月,"玉见乡甜"种植基地成立。

当年8月,第一批玉米秧苗培育完成,10月初第一批水果玉米成熟。她和公司的年轻人一起,建立起多达5000余名客户的线上销售网络,水果玉米还未上市就被预订的客户抢购一空。

"我们种的水果玉米口感清甜,很受消费者欢迎。"应李一介绍,基地玉米产量达到了每亩1500斤,总销售额在200万元左右,种植面积从最初的120亩扩建到了200亩。

"项目直接带动周边村民就业30余人,村民年增收超3万元,村集体年增收20余万元,还获评了建德市第一批'同心共富'实践基地。"建德市航头镇相关负责人介绍。

带动周边村民就业

■ 每年都会试种全球 20～30 个品种的水果玉米

应李一说,之所以选择在建德航川村建农场,是看好当地玉米的种植传统,想借助好品质打造品牌效应。然而基地建好后,她发现当地之前的销售是一种非常传统的卖菜模式,如在社交平台一个个卖,没有真正意义上的电商化。

和妈妈打理农场不一样,应李一烧起了"三把火":做管理、做品牌、做销售。

于是,农场开始有了"管理"这个词。在这里干活的,都是村里年纪偏大的农民,应李一和 20 多位村民员工一一签订了劳动合同,并对他们进行培训。

"统一用工模式,统一管理,不能说农忙时来干活,农闲时让他回家。当然,我们支付的工资比较高,所以要求他们必须保证农忙的时候不随便请假。"应李一说。

接着是做品牌。"水果玉米,不单单是一个玉米,更有自己的情怀,农场有句标语叫'玉见':遇见之前千挑万选,遇见之后钟情不变。"

"玉见"水果玉米

农场航拍图

遇见之前,应李一和妈妈一起,对多种农产品,包括水果玉米、火龙果和部分蔬菜都进行过研究和试种,最后选择了可以生吃的水果玉米。"我们种植的玉米,是绿色、健康、口感好的,顾客就是我们的家人,这是给家人们吃的农产品。"

做好品牌要有好产品支撑。每年,农场都会在同一个连栋大棚环境下,试种全国甚至全球20~30个品种的水果玉米,然后挑出最好吃的,进行主营品种迭代。

最后就是营销。2021年10月,第一批水果玉米上市,虽然农场面积只有10亩,但应李一在镇里的支持下,做了一个水果玉米采摘节的活动,反响热烈,并受到国家级媒体关注。

电商销售模式开启后,基地策划了很多线上的推广活动,每逢水果玉米成熟都进行采摘直播。

"航川村是明星村、'建德民宿第一村',来村里游玩的人都会来基地走一走,很多游客一看到玉见玉米就直接要求采摘购买,后续还会在线上不时回购。"应李一说。

人才带头、政府牵线,玉见玉米越做越红火。2022年10月,航头镇顺势成立了玉米共富联盟，来自企业、大户、农户以及电商销售群体等共50余人、5家单位集体签约加入，同时发布"航头水果玉米"区域公共品牌，种植能手还受邀担任种植导师。

"镇里给了我们许多好政策，比如大学生创业补贴、粮油产品补贴等，我想结合自身专业，把海外农业大品牌发展经历和时下年轻人的潮流需求结合起来，用健康、绿色的种植理念加以最新的电商宣传模式，推广放心的农产品。"应李一说，她的农创之路引起了许多留学同学的关注，家乡的好政策、大变化也吸引着越来越多的留学人员返乡创业。

■ 不止于玉米的无限可能

"这里待着太舒服了。"应李一说，有时候站在田埂上，听风吹过玉米地，耳边传来一阵窸窸的声响，伴随着一股嫩玉米的香甜气味，"想着丰收的日子又要到了，这种满足感太强烈了。"

肤色变黑了，创业更忙碌了，应李一也有了更多想法："做农业还是有局

"玉米姑娘"

等待丰收的日子令人满足

限,从我个人来说,做了几年也感觉到瓶颈期了,和很多农创客聊,大家都同样困惑。所以我又去上学了,还是想找到一个创新点。"

让大家惊讶的是,应李一读的博士专业是数学。

"一方面是自己爱好,另一方面,我觉得数学是一种工具,不管是管理农业还是控制产量,是不是可以用数学的思路去探索玉米农业的新出路,比如大数据、人工智能等,看能不能有所突破和进一步发展。"应李一说。

在她看来,现在很火的人工智能,未来肯定是要和农业联系在一块儿的。比如种植管理,未来可能会有一种工具,可以测定土壤,然后提供精细化又可操作的改良方案。

去北京上学之后,应李一确实发现了新可能,那就是把资源带到乡村来,给乡村引流,为乡村振兴助力。

区别于大多是直博生的同学,应李一自己做过公司,对于学校科研成果转

应李一：以电商宣传模式，推动水果玉米品牌化

做过公司的应李一对于科研成果转化非常敏感

化这一块更敏感。当得知一个得诺贝尔奖的量子纳米材料需要成果转化，她就和北京大学、中国科学院联手，准备将项目带回浙江。

"我要做一个全新的湿巾品牌。2024年下半年这个公司就要成立，2025年就要出产品。"应李一说。

"现在都在说新质生产力，我的理解是，种水果玉米，用管理来提高效率，用品牌故事来增加附加值，用生态的理念来减少对环境的影响，就是新质生产力。此外，从地区发展不均衡这个角度来看，实现资源共享，缩小南北差异和城乡差异，也是一种新质生产力。"

在这位"玉米姑娘"看来，农村还有很大的发展空间，让更多资源来到农村，让新质生产力助力乡村振兴，也是她想要探索的一个点。

外骨骼"机械师"

王天 85年 程天科技CEO

"解决养老问题最好的办法之一,是延长人能自理的时间,这让外骨骼机器人有了用武之地。"

王天：让外骨骼机器人成为新器官

童 蔚

"进入21世纪后，曾经长期威胁人类生存、发展的瘟疫、饥荒和战争已经被攻克，智人面临着新的待办议题：永生不老、幸福快乐和成为具有'神性'的人类。"

以色列历史学家尤瓦尔·赫拉利在《未来简史》开篇提出的观点，拥趸众多。王天便是其中之一。

2023年10月，在亚残运村，阿富汗轮椅篮球运动员阿卜杜勒·巴塞特·哈希米，在外骨骼机器人的帮助下，时隔13年重新站立、尝试行走。这一场景被《都市快报》捕捉后制作成短视频，全网浏览量破亿。这款外骨骼，便出自王天一手创办的公司——杭州程天科技。

这个将自己定义为"机器人极客"的85后创业者坚信，他和团队将通过机器人技术推动人类进化。

■ 用科技延长人可以自理的时间

一个阳光明媚的午后，位于余杭区文一西路的程天智能康复中心，迎来了一位特殊的小客人。

她是一位脑瘫儿童，无法控制好下肢，步态不太规整。在家人的陪同下，小姑娘开始借助外骨骼机器人进行矫正训练，一周一次、一次一小时。

经过近两个月的治疗，她的踝内翻得到改善，核心力量也有所增强。

外骨骼机器人，是一种为人提供行走助力及帮助保持姿势的可穿戴设备，融合控制、机械、生物、医学、信息、电子等多种学科。你也可以简单地把它理解为：穿在身上的机器人。

"通常，经过一个疗程10次左右的矫正训练，病情会有改善。不过，还需要结合每个人的实际情况，比如病灶位置、损伤程度，以及康复介入的时机、个人体质等。"王天介绍。

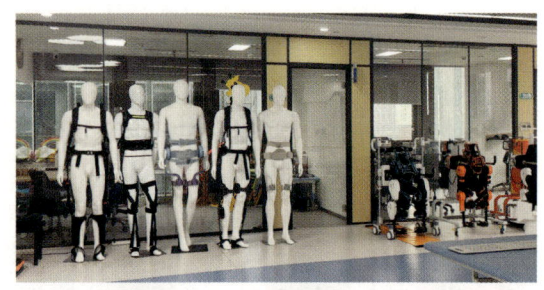

康复中心里整齐地摆放着程天科技研发的各类外骨骼机器人，像是"钢铁侠"历代战衣的大集合。硕大的电子显示屏上跳动着全国各地医疗机构和个人用户数、使用时长等数字。

上至90多岁，下至四五岁，行走不便的人来到这里，穿上大小、款式不一的外骨骼机器人，将有传感器的机械腿绑缚在下肢上，在康复治疗师的指引下，一步一步绕圈行走，达到复健的目的。在这个过程中同步检测到的步态、动作意图、肌力等数据，可在制订康复方案时作为参考。

康复中心里的各类外骨骼机器人

"每个人都将有老去的一天。"面对人口老龄化加剧，王天认为，解决养老问题最好的办法之一，是延长人能自理的时间，这让外骨骼机器人有了用武之地。

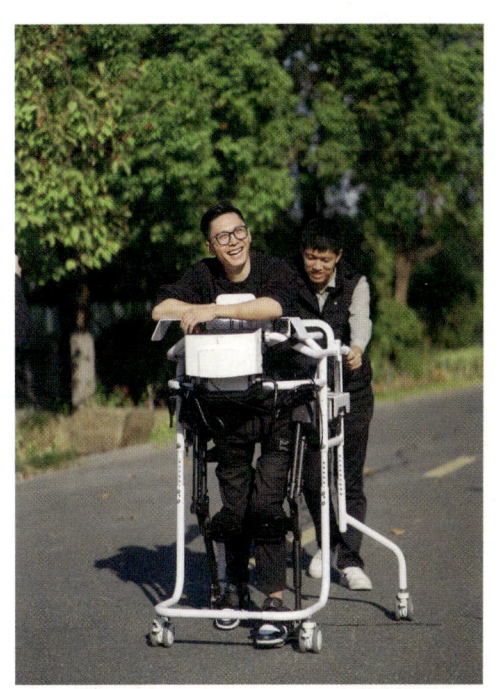
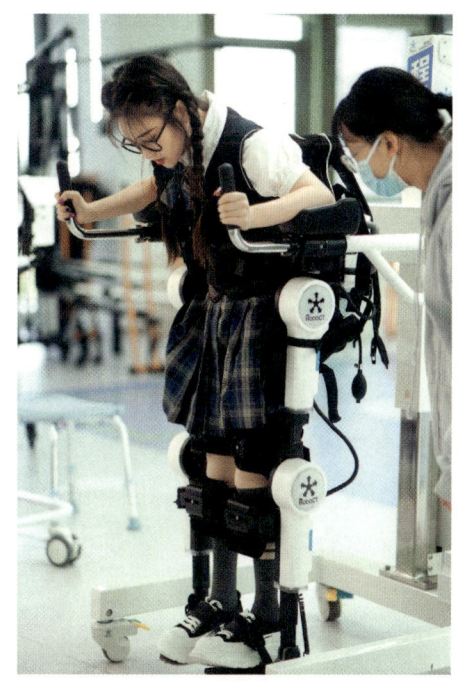

利用外骨骼机器人做康复治疗

■ 医学世家走出来的"机器人极客"

如果不从事外骨骼机器人这一行,王天现在可能每天都在医院里坐诊看病。

1985年,他出生在哈尔滨的一个医学世家,家族里父母、哥哥和叔叔都是医生。在父母的规划中,王天的人生轨迹本该和他们一样。

然而比起从医,王天更喜欢工科,从小便展露出较强的动手能力。高中时,他无意间从杂志上看到了有关人工智能的介绍,"如果未来能研发会自我学习和进化的机器人,那么人是不是可以把不喜欢做的事交给它们?"小伙子越想越兴奋。

高三那年,王天跑去参加全国机器人灭火大赛,拿了个三等奖。考上哈尔滨工程大学后,他的学习计划就此围绕着机器人技术展开:本科专业是机械设计及自动化；接着拿到保研资格，硕博阶段主攻模式识别与智能系统方向；博士后开始研究群体智能。

在校园里，王天就不断积累创业经验，团购网、智能站牌、智能水务……多次尝试后，又兜兜转转回到了机器人领域。2012年，"程天科技"注册，他决定先从特种机器人入手，接一些定制开发类项目，"当时做了很多天上飞的、水下游的（机器人）。"

不过这些定制机器人永远重复着"从0到1"，很难有"从1到N"的迭代。最终，王天的目光停留在外骨骼机器人上：刚需、高频，市场前景广阔且尚未有大佬入局。同时这也是一个有温度的支点。

2015年，第一台外骨骼功能原理样机研制成功。两年后，团队里有人提出想去东南沿海见见世面，于是一群东北爷们带上家当，风风火火南下杭州。

王天博士

■ 终极目标：人机完美融合

花了几年时间打磨产品，从电机、减速机，到驱动器、传感器等核心部件全部实现国产化后，2021 年，王天和团队开始加速市场推广。"2023 年卖出去 200 多台，采购方大部分是医疗机构，也有少数个人用户。"鉴于近两年销量保持在每年两倍左右的增速，王天预计，2024 年，公司可以盈利了。

2023 年 1 月，工业和信息化部等十七部门印发了关于"机器人+"应用行动实施方案的通知，其中明确提到了对发展外骨骼机器人的支持，将重点放在养老服务方面。

这也更加坚定了王天深耕这一领域的信心："现在看到的只是初级状态，终极产品是人机完全融合。"

团队讨论

如果你看过《黑豹》《毒液》等漫威超级英雄电影，或许可以更好地理解他所描述的未来应用场景。这些科幻作品，已极致展现人类利用外骨骼机器人技术来增强自身能力的无限想象。

"就像'毒液'，它具备独立感知能力，又和人类完美融合，推动人类进化成为一个新的物种。"而做到人机融为一体，还需要脑机接口技术的加持：把大脑的意识读出来，并反写给大脑，打通人脑和数字世界。

王天坦言，此前遇到的最大挑战之一，是外骨骼机器人的认知能力。这两年爆发的生成式人工智能，刚好补齐了这一块。

500多年前，达·芬奇留下了一个防御属性达到极致的仿人形机械的设计手稿，一些学者猜测他可能构想过一套为人类设计的外骨骼机器原型；500多年后的今天，程天科技也保存着一本厚厚的手稿，里头承载着一个叫王天的创业者及其团队，他们想用一身外骨骼，来实现人类自身能力最大外延的梦想。

对话"新青年"

● 让外骨骼机器人成为新器官

都市快报·橙柿互动：除了康复和养老，外骨骼机器人还能用于哪些场合？

王天：程天科技LOGO的5个箭头，就代表了外骨骼机器人的5种应用场景。

第一种场景，就是我们正在做的康养。第二种是安全领域，包含多个维度，比如护甲，又比如军工。第三种应用是交通工具，带来出行便利。第四种是工业应用，比如为重体力劳动者减轻身体负重，节省体力。最后一个应用场景是生活娱乐，如打篮球时增强弹跳能力，又如一家老小徒步旅行时，老年人也可以轻松追赶上年轻人的脚步，等等。

都市快报·橙柿互动：怎么理解我们终将通过机器人技术推动人类进化？

王天：在科幻电影《终结者》里，机器人摧毁了人类。我觉得，未来的机器人觉醒出独立自主意识，硅基生命有一天取代碳基生命，也不是完全没可能。人类该怎么办？顺其自然进化，肯定比不过人工智能的发展速度。所以，我们需要借助外力，让人和机器人结合，这是件很有意思的事。

借助外力让人和机器人结合

我认为外骨骼机器人未来会成为人的新器官。我们现在身上有没有新器官？其实是有的，手机就是，人几乎离不开它。

● 未来一走出家门可能就能看到"蜘蛛侠"

都市快报·橙柿互动：能不能理解为，未来每个人都有可能成为超人、蜘蛛侠？

王天：是有点那个感觉。在我的想象中，未来10年，从写字楼往下望去，一半的人穿着外骨骼行走在路上；未来20～50年，你一走出家门，就会发现外面的人都在快速移动、飞檐走壁……

都市快报·橙柿互动：和人形机器人相比，这个实现起来会更难吗？

王天：会。比如前面是个火坑，人形机器人可以贴边走甚至直冲，但人会有恐惧感，因此就不能让外骨骼机器人把他往火坑里带。怎样的设计能让人穿得更舒适、更安全？如何做到人和机器人的完美配合？人机融合还有很多路要走。

● 亚残运村"出圈"短视频
　让更多人了解外骨骼机器人

都市快报·橙柿互动：2023年在亚残运村，快报拍摄的阿富汗轮椅运动员重新站立的短视频，全网浏览量破亿。那次"出圈"，对您和公司是否有产生影响？

王天：视频"出圈"后的一个最直接影响是极大地推动了市场认知。前几年跟人讲我是做外骨骼的，很多人会不理解——什么是外骨骼？你是做骨科的还是做假肢的？这两年，一些相关影视作品的上映，以及快报当时的短视频，让更多人了解了外骨骼机器人及其作用，我们推广起来更容易了。

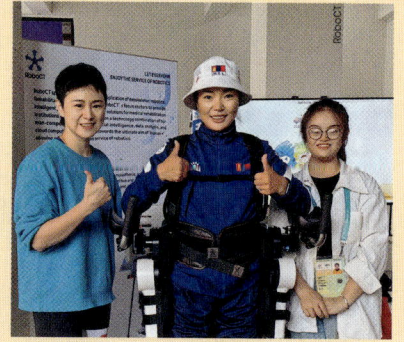

外骨骼机器人逐渐"出圈"

● 即将推出千元级产品

都市快报·橙柿互动： 现阶段，如果想让外骨骼机器人走入更多家庭，价格可能是第一道坎。像阿富汗轮椅运动员使用的这款，据说售价在80万~150万元？

王天： 这就是我们要从供应链开始干的原因——控价。作为一个新兴产业，外骨骼机器人的高价是早期必经阶段，就像当年手机刚出现时，一部大哥大就卖1万多元。随着产业的规模化发展，产品价格一定会降到普通家庭都可以接受的程度。一些城市的医保，也已在逐渐引入外骨骼的支付项。

个人消费级产品其实已经有千元款的，（2024年）下半年我们就会推出。当然，也会有一些几万元的重型版本。

都市快报·橙柿互动： 家庭购买外骨骼机器人后，还需要请康复护理师吗？

王天： 我们正在做的一件事，就是在居家场景中，通过一些远程医疗技术，用户和家人自己就能操作外骨骼机器人。

都市快报·橙柿互动： 还有什么最新进展，可以让我们期待一下？

王天： 我们正在研究神经技术和外骨骼机器人的结合，最理想状态是人能像控制自己的器官一样控制它。我们也在尝试软体外骨骼，极有可能是用人工肌肉型材料去实现，目前正和一些高校进行合作研究。未来，外骨骼机器人可以像衣服一样穿在身上。

钱旦 88年
云涂科技创始人

工业"铠甲勇士"

"几代人积累的技术,如果不用到生产实践中,特别可惜……我下定决心要为国内制造业做出一点改变。"

钱旦：涂层技术的革命性突破

王潇潇

潜心钻研多年后，宁波云涂科技创始人钱旦迎来了成果转化的"春天"。2023年10月，公司获得数千万元的Pre-A轮融资。2024年年初，新工厂搬到了宁波鄞州区姜山镇的一栋四层小楼，订单量络绎不绝。

光看这栋被农田环绕，十分不起眼的小楼，你很难想象，里面的公司正与宁德时代、亿纬锂能、隆基绿能等业内巨头紧密相连。

这一切都源于一项被视为"革命性突破"的新材料涂层技术——物理气相沉积（PVD）干法制备功能性超细包覆粉体。

这项技术听上去很晦涩，钱旦习惯拿榛子巧克力举例：这项技术就像在榛子表面涂上巧克力，只不过，这里的"榛子"是比发丝直径小百倍的材料粉末，而"巧克力"是将材料电离后的原子。

别小看这层"巧克力"，它直接改变了材料的结构和性能，同时综合成本可控，目前广泛应用于光伏、半导体、新能源行业，其背后是一个千亿规模的市场。

■ 五代科研人的传承积淀

涂层技术听起来"高大上"，实际上普遍存在于日常生活中，小到眼镜框架、手机后盖，大到生产车间里的模具，都跟涂层技术有着密不可分的联系。

用通俗的话说，涂层就像是为工具、模具、量具、刃具等金属物品穿上"盔甲"，延长其使用寿命或者增强实际性能。

传统的涂层工艺主要用到电镀、化学镀,但这些工艺会对环境产生危害,并且不能满足特殊功能要求的高端应用。由此,PVD技术应运而生。

你可以将PVD技术想象成打台球:在真空条件下,电离子轰击靶材,使得靶材表面的原子能够附着在基材表面。

说起来简单,然而这项被视为"革命性突破"的新材料技术,长久以来一直被欧美国家垄断,而中国则被实行了严格的技术封锁。到了钱旦这一代,这项技术前后经历了五代科研人的传承积淀。

20世纪70年代,"开山鼻祖"周惠久院士率先建立了材料表面学科,并由何家文教授、徐可为教授、宋忠孝教授推动了PVD技术的发展、推进和应用。7年前,第五代科研人钱旦接过"交接棒",将这项技术推广到更广泛的商业领域之中。

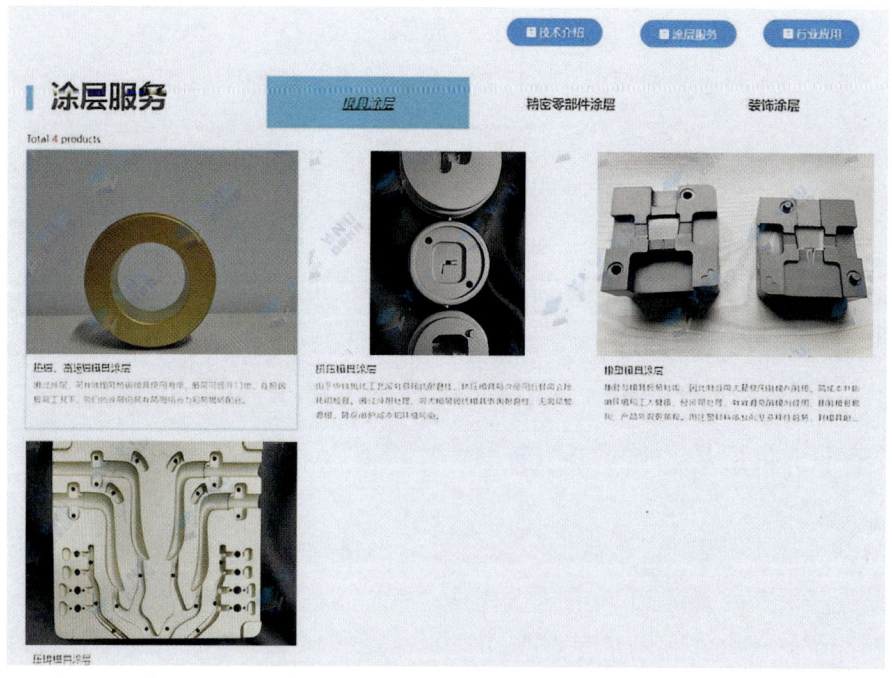

官网中关于涂层服务的介绍

如今在工艺上，云涂科技做到了全国领先，在设备上，更是自研出了全球首台百公斤级 PVD 包覆装备，远超美国的 100 克级，打破了跨国公司在涂层市场的长期垄断。

"每一次量级的提升都耗费了非常多的研发精力。这一步一步我们没有任何模仿对象，都是自主研发。所以我们在做的不是解决'卡脖子'难题，而是要做别人做不到的、全球领先的技术。"钱旦说。

■ 让实验室成果走出去、用起来

出生于 1988 年的钱旦，本科、硕士、博士均就读于西安交通大学材料学院，博士毕业后留校任教。他在实验室里钻研涂层技术近 10 年，在《科学报告》（*Scientific Reports*）、《应用物理快报》（*Applied Physics Letters*）等国际顶级期刊发表论文 10 余篇，获发明专利 20 余项。2017 年，钱旦和师兄弟 4 人回到

位于宁波的云涂科技新工厂

家乡宁波，创办了云涂科技。

从科研转型创业，钱旦归因于自小受"宁波帮"精神的熏陶，这种创业激情深深根植于他的基因之中。他还提到了本科时期的一件小事：大二阶段，课题组用的实验设备突发故障，钱旦不知道怎么修，干脆把它全拆了，拆开才发现设备内部结构比想象中复杂，组不回去了。这台设备价值60万元，赔不起，怎么办？

"我想着要不自己搭一台吧。于是找供应商采购了设备配件，至于配件如何分布，如何模拟计算软件，完全没有'图纸'可以参考，我都是靠查资料和'试'。最后花了3个月时间，成本6万块钱，复制了一台。当时感觉兴奋极了，直到现在，西安交大的学弟学妹们还在使用这台设备。"回忆起这段经历，钱旦难掩激动情绪。

这是钱旦第一次"自研"设备的尝试，也是他创业精神的萌芽。

目前，PVD功能粉体广泛应用于光伏、新能源等大型精密制造行业。云涂科技已经获得国家级高新技术企业、科技型中小企业、省级人才项目等称号，成为国内领先的涂层设备集成供应商。

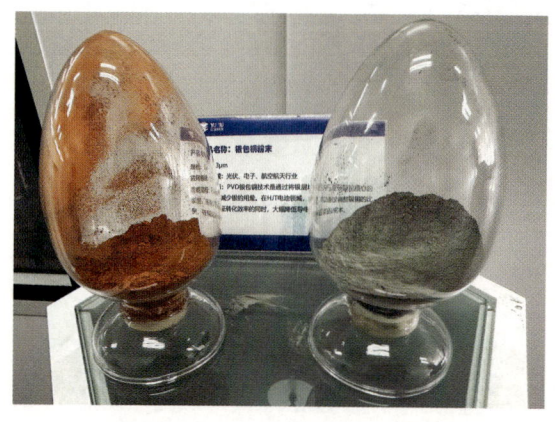

普通的铜粉（左）与新材料银包铜粉体（右）

■ "榛子巧克力"背后的千亿市场

近几年在政策扶持下，光伏产业飞速发展。在光伏电池中，银浆的成本仅次于硅片，且来源以日本进口为主。由于银价攀升，低银耗的新技术加速导入，催生了一种"国产替代"新材料——银包铜粉体。

这是一种铜粉外包覆着一层银的新型材料，特性上兼具银优良的导电性和铜低廉的成本。

银包铜粉体制备工艺有很多，PVD 干法包覆工艺就是其中的代表。它能够实现理论质量密度的极限值，也就是最低 35% 的银含量，这意味着成本更低。同时，成品 PVD 银包铜粉体包覆更均匀，表现出了更高的导电性，且耐高温。简单来说就是性能更好，用量更少，成本更低。

如果将这一技术广泛应用于动力电池领域，在未来出行这一块可能会有更大的想象空间。

钱旦说，新能源车的续航里程关键在于动力电池的能量密度上，目前汽车底盘空间能容纳的电池数量已达上限，这意味着在空间有限的情况下，只能提高电池的能量密度。如果将 PVD 技术应用于电池中，PVD 碳包硅有望成为下一代硅碳负极材料，未来纯电车续航里程可以轻松达到 800～1000 千米。

他透露，云涂科技已经拿到了行业头部企业的订单，2024 年公司整体营收将突破 4000 万元。

对话"新青年"

● **国内既懂原理，又懂装备、配方的，只有我们**

都市快报·橙柿互动：为什么 PVD 技术被视为制造业原材料端的革命性突破？

钱旦：磁控溅射是 PVD 的一种，它是万能的镀膜工艺，在任何一个基材上或者被镀材料上，都可以用磁控溅射技术来实现镀膜。

大学的时候，何家文老师提出了两大磁控溅射技术领域的世界难题，一个是做干法粉末包覆，这个技术在当时是没有的，如今我们攻克了；另一个是细管内如何做涂层，这个问题到现在还没有被解决。

都市快报·橙柿互动：国内从事这项技术的团队还有哪些？

钱旦：兰州化物所、宁波材料所，包括哈工大、北航等几个高校的PVD团队更偏科研，既懂原理，又懂装备、配方的，只有我们。

● 想为国内制造业做出一点改变

都市快报·橙柿互动：为什么会从科研转型创业？

钱旦：大二那年，我一个人去了台州，两天时间里调研了10多家汽配工厂。让我吃惊的是，国产汽车顶尖品牌部分供应商的应用水平与国际水平相比仍有不小差距。

拿汽车发动机缸体材料举例，如果说我们在实验室或文献中了解到的技术已经到了四代乃至五代，那么国内实际的应用情况可能仍停留在二代的水平。

西安交大几代人积累的技术，如果不用到生产实践中，特别可惜。这段经历让我下定决心，要为国内制造业做出一点改变。

都市快报·橙柿互动：云涂科技的前身成立于西安，为什么将公司搬迁至宁波？

钱旦：当时PVD技术的产业化应用处于刚刚开始的阶段，对于新技术、新工艺的导入，浙江的民营企业更敏感。

都市快报·橙柿互动："宁波帮"的经商基因对你有哪些影响？

钱旦：我是宁波人，从小受"宁波帮"影响，创业是我骨子里想去做的事情。"宁波帮"经商基因可能使团队更加敏锐地捕捉市场机会和趋势。团队成员可能具备较强的商业洞察力，能够及时调整战略，以适应市场变化并取得竞争优势。创业过程中经常面临挑战和变化，云涂团队有着宁波人坚韧不拔的精神和适应变化的能力，善于在逆境中找到最优解。

● 技术突破要立足于对实际问题和需求的深度理解和剖析

都市快报·橙柿互动： 前几代科研人员在科研之外，对你有什么帮助和启示？

钱旦： 前几代科研人员在科研过程中积累了丰富的知识和经验，建立了实验方法或理论框架，为第五代的技术发展奠定了基础，在解决问题和推动创新方面的经验和思维方式，给我们这一代人带来无穷启发。前几代科研老师的科学精神和严谨态度，如追求真理、勇于探索、严谨治学等，也支撑和引领着我们前行。

都市快报·橙柿互动： 这些年"国产替代"是很热的话题，PVD技术经过五代科研人的努力才得以攻破，你觉得对其他类似的领域有什么借鉴意义？

钱旦： PVD技术的攻破得益于多年的技术积累和不断的创新，对于同样高门槛与科技密度集成的其他领域，要实现原始技术创新和进口替代，也需要借鉴这种几代技术研发传承和合作的精神，培养稳定的科研团队，共同追求技术突破。

同时，任何高新技术的突破都要立足于对实际问题和需求的深度理解和剖析，将研究重点与市场需求相结合，以提高技术的实用性，开发商业化潜力。技术突破还离不开跨学科合作的模式，以整合不同领域的专业知识，促进创新和综合性解决方案的产生。

陈航 86年
群核科技（酷家乐）联合创始人兼CEO

云设计"破风手"

"我们在扎根本土的同时，正面向全球建立影响力，与传统欧美软件巨头逐鹿全球市场。"

陈航：用云设计超车美国软件巨头

沈积慧

十几年前，在浙江大学攻读计算机专业的陈航和黄晓煌每晚"卧谈会"的重点，是幻想用技术改变世界。他俩没想到，最后会连同另一位联合创始人朱皓组成"铁三角"，打造出一款代表世界先进水平的工业云端设计软件。

这家在杭州土生土长的软件公司，正借助 AI 浪潮，推动中国泛家居行业数字化，同时席卷全球超过 200 个国家和地区，为全球 4 亿个"家"提供 3D 设计方案，在几乎被美国软件巨头垄断的设计软件领域弯道超车，还将它们抛在了身后。

■ 浙大寝室"卧谈会"的灵光一现

陈航是群核科技（酷家乐）联合创始人兼 CEO，在公司里同事习惯叫他"阿甘"。

"阿甘"是地道的杭州人，在浙江大学竺可桢学院读书时，经常和同寝室的黄晓煌开"卧谈会"，其中一个经常被他们谈及的话题就是计算机算力和摩尔定律。

毕业后，两人远赴美国，继续攻读计算机图像图形专业。

彼时恰逢电影《变形金刚 2》在全球火爆上映。这部影片在当时被称为"特效史上最恐怖的挑战"：栩栩如生的机器人多达 60 个，影片取景气壮山河、神秘诡谲。其中的特效制作全由好莱坞视觉工厂"工业光魔"完成，且制作过程中大部分时间会用到一款名为欧特克（Autodesk）的设计软件。

电影中的反派"大力神"是当时电影史上最复杂的一个计算机生成图像（CGI）角色，由 7 个变形金刚组成，身上的独立零件有 50000 个之多。这些零件都要一个一个建模、渲染，它们在变形时的形态和运动轨迹也要一个一个表现出来。

当时有网友做过测算，如果用家用电脑制作和渲染，可能需要花上 16000 年。

和《变形金刚 1》用 CPU（中央处理器）做视觉特效渲染不同的是，《变形金刚 2》赶上了 GPU（图形处理器）时代。对于 GPU，想必关注 AI 的人都不会陌生。正是靠着在图形计算上的积累，英伟达跳出摩尔定律，成了 AI 时代的霸主。

走出电影院，想起当年在浙大的卧谈会，对技术敏感的陈航突然意识到，GPU 计算框架用作渲染的应用空间巨大。

具体用在哪些场景？游戏的水太深了，中国也没有那么大的市场。当时陈航想到的是室内空间和家装市场。

"当时房地产火热，但精装修的房子很少，几乎每个购房家庭在买完房子后都要面临装修的问题。"陈航说，那会儿懂用 GPU 做渲染的人不多，把这项技术用到细分领域的人就更少，市场完全是个空白。

■ 阁楼里开始创业
渲染一张家装效果图只要 10 秒

在美国伊利诺伊大学深造时，陈航遇到了团队中的第三个小伙伴：来自清华大学计算机系的朱皓。再加上黄晓煌，三人志同道合，一拍即合，决定以家居家装为切入点，做一款"长在云上"的渲染软件。

在当时，这是一个大胆的想法，因为大部分软件都在本地化运营。2008 年，高德纳咨询公司（Gartner）披露了当年十大数据中心突破性技术，虚拟化技术和"云计算"第一次出现在榜单里。

三个年轻人发现,云设计软件带来了很多传统软件没有的价值。比如所有的素材模型都在云端,文件不用拷来拷去,用户在云端就可以实现协同。

用 GPU 计算叠加云端化,即使在硅谷,也是一个非常大胆且创新的想法。以至于他们在做出第一款原型软件并尝试在硅谷接触若干天使投资人后,无一例外地,全部没有了下文。

"这样的模式,美国都没有成功范例,你们凭什么做到?"这是当时来自投资人的质疑。毕竟主流计算机辅助设计(CAD)软件领域,早已被欧美本土软件巨头垄断。

憋着一口气,三个年轻人决定先回国创业,扎根中国本土产业,蹚出一条路。

当年,乔布斯在自己家车库捣鼓出第一台苹果电脑,相似地,陈航的创业梦想是从自家的小阁楼开始的。那是 2011 年,三人凑了 20 万元人民币,正式注册了群核科技。他们希望以云端部署高性能计算器的方式,破除设计师对于高配置硬件设备的依赖,实现"所见即所得"的渲染效果。

按照传统的家装流程,从设计师上门测量,到出 CAD 图纸、算料清单和效

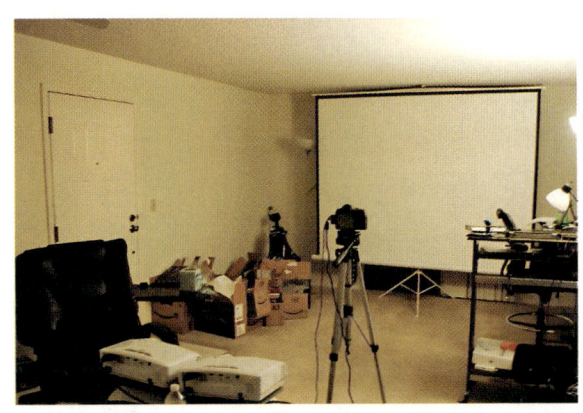

2011 年,在硅谷的家里办公,孵化技术

通过酷家乐软件系统生成的效果图

果图,前后至少要经历半个月时间。特别是效果图,因为耗时又耗力,当时很多装修公司的服务项目里并没有这一项。

而通过酷家乐的软件系统,设计师生成一张效果图的时间从原来的好几天,缩短到了10秒。

2013年,群核科技搬进了第一个真正意义上的办公室,虽然只有小小的30平方米,但对于三个年轻人和这家日后迅速崛起的创业公司来说意义重大。那年,他们还有了第一个成熟的产品形态"酷家乐",并在"搞定"了第一家客户之后,获得第一笔来自IDG资本的A轮融资。

第二年,酷家乐的注册用户数量就迅速达到了百万级,并顺利获得B轮融资。三个年轻人也有了明确分工,除了联合创始人的身份,陈航是公司CEO,黄晓煌是公司董事长,而朱皓是CTO。有意思的是,黄晓煌曾在英伟达总部参与了运算平台CUDA的开发,让GPU可以参与解决复杂计算问题。

和现在一样,当时很多同样抱着设计梦想的年轻人在网上留言:设计要被机器取代了!

左起至右:朱皓、黄晓煌和陈航

■ 用 AI 服务全空间场景

一个拥有超过 6500 万名用户的平台，每天产生超过 40 万个设计方案，积累超过 3.6 亿个 3D 真实模型素材、超过 54 亿张渲染图……这是创业十几年来，酷家乐母公司群核科技的积累和实时数据。

陈航说，公司创立之初确立的使命是：让未来生活所见即所得。眼下，赶上了 AI 大爆发技术风口的群核科技，正在让它成为现实。

酷家乐推出的全球首个 3D 空间设计生成式 AI 引擎，包含了底层的超级算力中心、多模态的海量产业数据，以及自研空间 AIGC 大模型等。在这个引擎上，已经生长出了丰富的基于不同场景和需求的 AI 应用。这些应用广泛服务于家居家装、连锁商业、商用家具、电商、广告设计等多个领域的全空间场景。

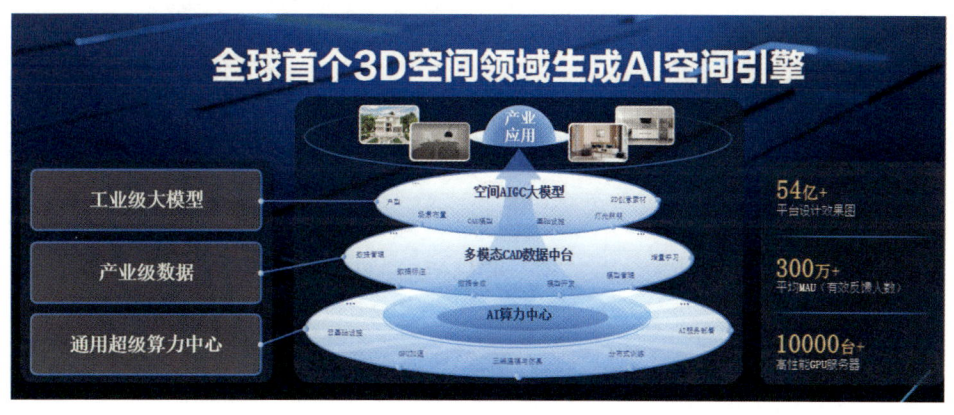

酷家乐推出的全球首个 3D 空间领域生成 AI 空间引擎

如今，从业主找装修灵感，到设计师设计、签单，从品牌门店的导购展示，到工厂生产的图纸和审单环节，酷家乐的 AI 应用已经贯穿装修场景中的整个流程。

当你在社交平台刷到喜欢的装修美图，可以将它们保存到手机里，然后打开酷家乐 AI 小程序，上传自己的户型图和保存的美图，选择自己喜欢的风格，

AI小程序会自动为你生成基于真实户型的装修效果图。然后，你还可以替换沙发、地板等软硬装，进一步生成装修效果意向图。

利用 AI 生成的装修效果意向图

在具体落地装修方案的过程中，设计师可以找两个 AI 设计助理来帮忙。它们可以根据设计师和用户的文字、语音提示完成家具、场景布置，以及对设计师来说重要但又存在难度的打光。比如你喜欢家里每天洒满阳光的感觉，以往设计师需要花大量的时间去研究打光的参数和角度，现在，AI 仅用几秒钟就能生成一个温馨的光环境。

设计完成后，在进入工厂生产的过程中，酷家乐提供不同角色的 AI 助理。以前设计师下单到工厂后，为了确保模型进入生产环节之后不会出错，往往需要人工介入进行审核。现在可以用 AI 做智能检测，有问题第一时间反馈给设计师，极大降低了生产时的出错率。

■ 超车美国软件巨头

2021年,一条爆火的韩国广告片在国外网站被大量围观。这条关于家居设计的广告片出自韩国有着"家居界的三星"之称的汉森家居,广告里汉森家居把设计软件COOHOM作为其最大的亮点。在COOHOM的助力下,汉森家居构建了"宣传—销售—报价—订单—生产—发货—施工"的一体化生态体系,创造了每年超百亿元的效益。

而COOHOM的创造者正是群核科技(酷家乐)。2017年,他们发布国际战略后,正式走向国际市场。"我们不仅希望服务中国本土企业,还希望中国的工业软件能够服务全世界。"当时,群核科技(酷家乐)联合创始人兼董事长黄晓煌这样表示。

说到设计软件,很多人会马上联想到CAD、计算机辅助工程(CAE)、电子设计自动化(EDA)等传统软件,这些软件大多由国外公司研发。而COOHOM用几年时间撕开了一个巨大的口子。

过去几年,这个来自中国的设计软件平台席卷超过200个国家和地区。如今,群核科技已经拥有超过10000台高性能GPU计算器,生成了超过4亿个真实的3D设计方案。

在自行车比赛里,骑在最前面的"破风手"扮演为队友挡风、帮他们节省体力的角色。在家居设计这个领域,陈航正在帮助全球的设计师提升效率,把更多精力放到产生更多创意上。

而在软件特别是工业软件领域,此前中国和国外巨头的差距很大,中国软件公司一直扮演追赶者的角色。

"计算机辅助设计有赖于产业的生态。例如得益于中国智能制造和工业4.0进程,全屋定制在中国发展特别快,建立了非常好的信息化基础。"陈航表示,"背靠全球最大市场,勇于迎接科技浪潮的中国软件公司,迎来了超车的机会,我们在扎根本土的同时,正面向全球建立影响力,与传统欧美软件巨头逐鹿全球市场。"

王磊：把糖做成衣服，引领环保创新

万　禹

在中国科学院深耕近 20 年之后，王磊于 2021 年来到杭州创业。如今，作为中科国生（杭州）科技有限公司（以下简称中科国生）的董事长，他终于迎来了科技成果转化的"春天"。

2024 年 3 月，致力于"呋喃生物基"材料开发及产业化的中科国生，获得了成立三年来的第四轮融资，总额近亿元，投资方既有新股东华映资本，又有持续加码的君联资本和君盛投资。

生物基新材料，听起来有些晦涩难懂。但这种材料，能将我们常见的经济作物变成可以穿的 POLO 衫。由这种材料制作的饮料瓶，可以使饮料更易保存，从而减少防腐剂的添加，并且降解时间只需要几年，远低于传统塑料瓶的数百年。

中科国生正在做的，就是让性能更优的生物基新材料成本变得更低、用途变得更广泛，逐渐替代可能会枯竭的石油基材料。

■ 用生物基新材料"干掉"石油基材料

穿着一身休闲装的王磊，相比名片上的董事长身份，更像是一名纯粹的科研工作者。40 多岁的他，在中国科学院学习和工作的近 20 年中，一直和生物基新材料"打交道"。

生物基新材料，是指以生物质为原料或者通过生物合成制备的新型材料，

生物基新材料

比如将葡萄糖、果糖、淀粉、木质素等天然材料作为原料制备的高分子材料、生物降解材料等。

目前人类衣食住行中所用到的各种产品,基本是由石油基材料制成的,小到包装矿泉水的塑料瓶,大到汽车轮胎。但石油资源总有枯竭的一天,石化类产品对自然也不友好。相比传统的石油基材料,生物基新材料具有低碳环保、可再生等优势。

"我们正在做的,就是将目前部分领域中应用的石油基材料,由生物基新材料进行替换。"王磊举了个例子,生物基塑料可以替代传统的塑料制品,用于日常生活中的各种包装,"这种包装袋降解时间只需要一两年。"

从一名纯粹的科研工作者,到如今市场化公司的董事长,王磊身份的转变,源于他对生物基新材料未来广阔市场前景的判断。

生物基高阻隔膜（带内物）

根据欧洲生物塑料协会（European Bioplastics）的数据，预计 2025 年全球生物基塑料产量将达到 287 万吨。到 2029 年，至少有 20% 的石化产品可由生物基产品替代。

但现在，生物基产品对石化产品的替代率尚不足 5%，替换成本也较为高昂。在市场缺口较大的现状下，如何"多快好省"地进入这片蓝海市场，成为摆在相关企业面前的一道难题。

■ 具备成熟的科研能力就像会做饭

2021 年，王磊决定离开工作多年的科研院所，与同为中国科学院大连化学物理研究所毕业的张宇博士一起，将科研成果实现市场转化。他希望能为生物基新材料领域创造一种兼具性能与价值的材料。

和已有几段创业经历的张宇博士不同,王磊2007年从中国科学院大连化学物理研究所博士毕业后,就一直留在所内继续进行工业化应用的研究。20年"苦行僧"般的科研经历,看似枯燥,却赋予了王磊和生物基新材料舒服"打交道"的本领。

做科研的近20年间,王磊一直专注于催化领域,并在业界取得了一定成绩。早在2009年,作为团队主要成员之一,他实现了自主研发的催化剂在中国石油大庆炼化公司每年20万吨异构脱蜡装置上的工业应用。

"具备成熟的科研能力就像会做饭,如果做的饭足够好吃,为什么不尝试当厨师,让好吃的菜品被更多人品尝呢?"基于这个想法,2021年7月,王磊正式离开中国科学院体系,和张宇博士在杭州创立了中科国生。

中科国生并不是最早切入生物基新材料领域的公司。早在10多年前,国外公司尤其是欧美国家的公司就已经在布局呋喃生物基新材料产业。不过,这些较早布局的国外头部公司并没有实现新材料的规模量产。

为了快速实现超车,王磊选择的生物基平台化合物是5-羟甲基糠醛(HMF)。这是一种由糖脱水生成的化学物质,它的分子中含有一个呋喃环、一个醛基和一个羟甲基。生物基平台化合物大多呈链状形态,而HMF是唯一可大量获得的具有环状结构的生物基平台化合物,相比于链状的平台化合物,结构稳定性更好,强度更高。

目前,HMF下游具有上千种高附加值衍生物,包括2,5-呋喃二甲酸(FDCA)、2,5-呋喃二甲胺(BAMF)等,而生物基材料FDCA

HMF

FDCA BAMF

是石油基精对苯二甲酸（PTA）的最佳替代。目前，中科国生已实现领先行业的 FDCA 百吨级供货能力，生产的 FDCA 材料，主要应用于芳纶、聚酯纤维以及聚酯包装领域。

如以此预测发展，到 2029 年，以 HMF 为代表的生物基材料会取代 20% 左右的石油基材料。王磊他们面对的是 6000 亿~8000 亿美元的市场。

掌握了世界 FDCA 材料行业定价权

在 2024 年 3 月举办的桐昆·中国纤维流行趋势 2024/2025 发布会上，由中科国生和桐昆新材料研究所共同研发的生物基呋喃聚酯成衣新品一亮相，便瞬间成为全场焦点。

一件看似平平无奇的长袖 POLO 衫，使用的材料是生物基呋喃聚酯纤维，其原料 FDCA 是从玉米以及非粮农作物、秸秆、木屑等生物质原料中提取，也就是说，它从源头端降低了对石油资源的依赖，量产后将有效减少环境污染。

看好中科国生 FDCA 材料的不只有桐昆集团。据了解，国内领先的体育用品企业也在和中科国生合作，FDCA 材料所合成的聚酯纤维，未来将被赋予更多的抗菌防臭、防紫外线、防静电性能，用于各类服装的生产。

当然，FDCA 材料所能应用的下游产品远不止成衣。例如，下游产品聚

最新 PEF 粒料

PEF 瓶类大合照

2,5-呋喃二甲酸乙二醇酯（PEF）材料的气体阻隔性，可达到传统聚对苯二甲酸乙二醇酯（PET）材料（常用塑料瓶的材料）的 6~10 倍。由 PEF 材料制成的气泡水瓶、果汁瓶密封性更好，能减少防腐剂的添加，进一步提升饮料口感。

目前，中科国生已获得全球首个 FDCA 百吨级订单，供货能力提升的同时，真正能替代石油基产品的关键还是在于成本的降低。

和最初 FDCA 材料一吨成本要 100 万~200 万元不同，中科国生目前已将该材料成本降低至十分之一，掌握了行业定价权。王磊很有信心，"2025 年中科国生将把 FDCA 材料的每吨成本，降到 10 万元以下。"

随着成本的降低，2025 年，中科国生还有望实现 FDCA 的千吨级销售。

对话"新青年"

● 我们领先全球开创了 HMF 连续化生产工艺

都市快报·橙柿互动： 目前中科国生在生物基新材料领域的行业地位如何？

王磊：我们是国内外为数不多的实现稳定规模化和连续化量产的公司，并且掌握了 FDCA 材料定价权。

都市快报·橙柿互动：为什么中科国生会有这样的行业地位？

王磊：十几年前一些欧美国家就开始推进 HMF 的规模化生产工作，国内科研院所也在同期进行研究。但由技术壁垒所导致的成本过高以及产业链各方之间沟通效率较低，HMF 市场化进程的推进一直十分艰难。

中科国生领先全球开创了 HMF 连续化生产工艺，特定的催化剂匹配相应溶剂体系实现了 HMF 低成本的规模化生产，解决了 HMF 产业链最关键的"卡脖子"问题，打通了由上游核心单体到终端应用的全产业链条。

● 总部落户杭州主要考量三个因素

都市快报·橙柿互动：公司的人员结构是什么样的？

王磊：我们在杭州设立了中科国生总部，总部有 60 多名员工，其中一半以上是科研人员。总部目前有 9 名博士，有负责科研的，有负责管理的，对于初创公司来说，大公司所具有的各个维度专业人才我们都具有。

此外，在浙江丽水和江苏泰兴还有两个工厂，有百亩生产基地。

都市快报·橙柿互动：为什么决定把公司总部落户杭州？

王磊：当时决定把公司落户杭州，第一是杭州能快速招引到公司需要的专业人才；第二，杭州营商环境很好，政府部门办事速度很快，效率高，创业公司在这里起步会很快；第三，杭州 IPO 政策不错，中科国生走向市场后需要考虑上市，这块对我们的吸引力很强。

都市快报·橙柿互动：未来希望和哪些品牌有深入合作？

王磊：中科国生的总部在杭州，我们也希望能和杭州本地公司有更多交流合作。我们致力于以更环保的方式带给社会更健康的产品，比如带来更舒适的布料，更安全的食品包装，希望和有相似价值观和社会责任的企业加强合作。

杨仁斌：用大模型解放中小学生家长

储 帆 梁应杰

多年以后，面对阿里抛来的橄榄枝，杨仁斌还会想起AI大模型横空出世的那个遥远的夜晚。

这枚重量级的"闪光弹"，不仅重新照亮了人工智能前进的方向，也穿破浓雾，点亮了他和他所创立的公司"精准学"前方的道路。

当时，轰轰烈烈的教育培训政策调整实施了一年多，团队缩水了近九成。考虑到公司未来的发展方向，杨仁斌不得不密集对接阿里、腾讯和百度，寻找机会进入原本不擅长的市场。

能够同时被百度、阿里、腾讯（简称"BAT"）看上，足以证明"精准学"的优秀。但谁也没料到，仅仅一年半后，阿里就掏出2亿元入股——定下"用户为先、AI驱动"战略的新任CEO吴泳铭，将阿里在AI垂直应用领域迄今为止最大一笔投资，交到了阿里曾经最年轻的技术总监手里。

■ 一位AI老师让学习机有了灵魂

见到杨仁斌的时候，他和团队成员正在测试即将面市的新产品——精准学原生代AI辅学机Bong系列。初看这款学习机，形态和市面上其他产品相差不大，但屏幕中的AI老师，可以模拟真实学习的场景，例如，可通过摄像头察觉到学生分心，从而让他回答黑板上的问题。

就像《铁臂阿童木》里，茶水博士给了阿童木善良的灵魂，在生成式AI

爆发的节点，杨仁斌尝试用 AI 老师赋予学习机灵魂。它不仅能识别学生有没有认真听讲，还能根据学生的课堂表现和做题情况实时调整教学方法和内容，从而诞生了个性化学习的雏形。

个性化学习，最理想的状态是"一对一"，老师因材施教，学生自主学习。

对于这个链路，"非典型学霸"杨仁斌从高中开始就推导过很多遍。

高中时，他有段时间化学成绩不好，就买了两本一模一样的习题本，在一本上做完后，挑出错题，隔一段时间在另一本上再做一遍，用这种方式提升查漏补缺的效率。

后来市场上涌现的各种"错题集"就是基于这个思路，只是还不够精准。直到移动互联网普及让数据有了沉淀，AI 爆发带动推荐引擎发展，让"千人千面"成为可能。

那会儿，杨仁斌在淘宝担任首席产品经理，主导了"猜你喜欢"这项功能。而针对用推荐引擎和知识图谱为用户推送个性化内容的问题，杨仁斌和字节跳动创始人张一鸣还有过深入的交流。两人达成的共识是，这会主导整个互联网从搜索模式到推荐模式的重大变革。

最终，2017 年前后发生的一系列事情，让杨仁斌决定将它用在教育领域。

■ 跨越 6 年，两代 AI 孵化出"新物种"

首先是 2016 年年底，阿尔法狗（AlphaGo）将柯洁等人"斩落马下"，完成了在棋类游戏上对人类的超越。技术的再次突破让许多人看到了新机会。

数月后，一次偶然的机会，杨仁斌拜访了一位阿里的前同事，"他是美国海归，离开阿里的时候是"P10"级别，却去河南的县城开了一家教学机构，叫'第二教室'。"这家机构收费不高，专门辅导留守儿童学习，续费率达到 100%。

"很多孩子学了一两年就不来了，因为成绩已经很好。"杨仁斌观察到，这家机构的模式很有特色，老师并不主导课堂，而是让学生通过做试卷找到自己薄弱的知识点，老师则在一旁巡场答疑。

虽然原始，但很有效，也和当年自己的学习方法很像。更触动他的是，这间小小的屋子扎扎实实地帮助一群又一群留守儿童提升了成绩，让他们有了通过学习改变命运的机会。

"看到他们，我突然意识到，也许教育永远不可能公平，但能为哪怕多一个孩子带来一次公平的机会，这事就有意义。"

之后杨仁斌走访了很多教育机构，尤其是名师"一对一"指导的教学机构，发现其本质都是以学生为中心，针对学生的情况精准辅助学习。结合自己早年的学习方法，他把这种思路总结为"精准学习法"。

随后的 2018 年，"精准学"在杭州成立。杨仁斌和团队搭建了软硬件结合的体系，基于 AI 技术精准识别学生在学科上的薄弱知识点，推荐同类题型做针对性练习。

此后的 6 年时间里，这套"精准学习法"很快被市场上的高思、昂立、学而思等培训机构所认可，成千上万的老师把它作为辅助工具，数百万学生用它来练习。"精准学"成了隐藏在教培行业背后的技术大佬。

现在，这位幕后主角决定走到台前。

"准确来说，精准学是两代 AI 技术的结合。上一代通过 ToB（面向企业端）业务，我们完成了千万级题库和学情数据的积累和分析；基于数据和这一代 AI 技术，我们完成了 AI 老师的打造，有了直接面向 C 端（用户端）的产品。"杨仁斌说。

■ 不是看视频而是精准学习

目前，精准学结合阿里的千亿级通义模型，自主研发了"心流知镜"大模型，让 AI 老师能精通各种教材和名师的讲解方法，相当于一个全能型的私人名师。这款 AI 辅学机已经覆盖了小学三年级及以上各科目的知识体系。

针对每一个知识点,精准学都会规划相应的学习路径(具体画面以发布版为准)

不同于市面上大部分学习机,在精准学的 AI 辅学机上,学生不是只观看预先录制的内容视频,而是由 AI 老师全程带着用精准学习法学,随时可以和 AI 老师进行互动。

"过去的学习机是一种单向输出,学生听着听着就走神了,视频里的老师也不会知道。"杨仁斌认为,这是很多家长不认可学习机的主要理由。

这也是为什么他们强调学习互动:在学习机上安装摄像头,是为了让 AI 老师实时"看到"学生的学习状况。这个老师能识别 40 多种情绪和体态,如果看到学生在发呆,或者怀疑没听懂,就会主动提问,检查学生对知识点的掌握情况。

如果学生提出了不懂的地方,AI 老师也会实时生成讲解和板书,直到学生

AI 老师解题时，实时生成的板书（具体画面以发布版为准）

把不懂的知识点搞懂。在答疑的时候，老师时不时会拉进来一位学习同样知识的"学友"，和学生 PK 回答问题，让学生感觉真的在和同学一起学习一样。

为了形成良好互动，精准学团队想了很多办法。一开始他们想设计一个数字人形象，从头到尾出现在课堂上，后来发现，AI 老师形象不是最重要的，重要的是更接近真人面对面交流的情绪和感染力。

于是，他们通过 16 万小时的教育语音数据训练，让 AI 老师能够自然地模仿 20 余种个性化讲解风格。AI 老师会根据学生的行为传达出不同的语音情绪，也可以带着一些方言口音，或者模仿某位网上很受欢迎的老师的声音。

■ 曾是阿里最年轻的技术总监

20世纪80年代出生的杨仁斌是湖北人，大学毕业于华中科技大学。1999年上大学那会儿，刚好赶上互联网浪潮兴起。他痴迷于新世界，四年都在研究互联网，从早期的泥巴游戏到电子公告牌系统（BBS），再到中国人校友录（ChinaRen），对那个时期的互联网产品如数家珍。

为了有更多的时间沉浸和研究互联网产品和技术，他激发出了快速学习的能力，能够快速看完一本书、建立知识框架、快速记忆并运用。

进入职场后，这种快速学习的"超能力"让杨仁斌如鱼得水：用几个月的时间自学了编程，毕业一年内就通过了计算机四级考试，还获得了高级程序员和系统分析师的职称。

来杭州之前，他在北京工作了六年。在北大计算机研究所，他师从计算机领域的泰斗王选院士，有机会接触网格计算相关的最新理念。出于兴趣，他曾经以一年敲坏好几个键盘为代价，写了30万行分布式计算的代码，参与了当年国内最大内容分发网络的搭建。

这一经历让当时正为阿里云招兵买马的王坚关注到他。加入阿里那年，杨仁斌27岁，是当时阿里最年轻的技术总监。

之后，他参与了阿里云的"飞天"项目，又因为有产品嗅觉，从技术专家转型成淘宝的首席产品经理。没过多久，他又被阿里前参谋长曾鸣纳入麾下，进入阿里集团战略部，梳理和搭建各条业务线的战略。

从出色的程序员到一位管理者，杨仁斌最骄傲的是一路以来的"学习能力"，如今他的团队也有着相同的特质，"招聘中我们对于教育相关的经验不是硬性要求，但每个人都要有超强的学习能力。"

就像不懂航天和汽车的马斯克颠覆了汽车行业，他相信自己这个不是教育出身但很会学习的"外行"能够把握这轮AI浪潮给予的时代机遇。

对话"新青年"

● 和"吴妈"都没谈什么技术

都市快报·橙柿互动：来说说这轮融资吧，怎么打动吴妈（吴泳铭的昵称）的？

杨仁斌：首先，我们对于AI的发展和带来的变革性影响有强烈的共识，所以几乎没聊什么技术，谈得最多的是产品和战略。吴妈还是保持了对技术和产品一贯的敏感性。

都市快报·橙柿互动：这笔钱包含算力投入吗？拿到之后会用来做什么？

杨仁斌：不包含算力。拿到之后最主要还是用在技术和产品方面。

都市快报·橙柿互动：产品即将上市，听说您还有不满意的地方？

杨仁斌：是的，我个人对产品比较苛刻，没有达到心中的标准就不愿意推向市场。"Bong Max"在使用的时候，因为调用大量算力，还有点发烫。

虽然是在可控范围内，但还想对软件进行优化，尽量让它的温度降下来。你看我用手机，都是不带壳的，带壳会影响散热。

● 教培政策调整后还是看好培训行业

都市快报·橙柿互动：教培政策调整前精准学在行业的地位如何？

杨仁斌：当时我们基本处于领头羊的位置，市面上大部分培训机构用的是我们的系统。

都市快报·橙柿互动：听说政策出来之后您还发了一封内部信？

杨仁斌：是的，政策出来后我第一时间将全文反复看了好几遍，发现里面还是有积极的点,不是将培训行业一棍子打死。后来我们虽然大幅缩减了团队规模,但还在教育行业,也是基于这个判断。

这些年市面上有很多学习机,背后也是我们。

● AI 时代想象力最重要

都市快报·橙柿互动: 我看到精准学有很多新的岗位,比如 AI 创新负责人、学习体验负责人。

杨仁斌: 嗯,我们很多岗位都是新设的。因为这是一个全新的领域,AI 会带来一系列非常深远的变革,不能用以前的模式和眼光来看待。

比如,我们的教研团队,负责人不是资深的教育从业者,教育从业者是他的手下。他需要从技术层面提供不一样的思路。AI 时代想象力最重要。

都市快报·橙柿互动: 您认为 AI 时代的学习方式应该是什么样的?

杨仁斌: 过去,名师一对一辅导是最有效但也是价格最高的学习方式。现在,利用 AI 技术和数据训练出的 AI 老师,可以精准找到每个学生的知识薄弱点,从而进行针对性辅学。

AI 时代的学习用的是推荐引擎的逻辑,即无须学生自行寻找适合的学习资源,而是由 AI 根据学生的学习目标,来制订并执行个性化学习计划。

● AI 会催生一大批生产力公司

都市快报·橙柿互动: 您怎么看待新质生产力这个词?

杨仁斌: 从互联网发展来看,电商、直播等形态的出现,催生了大量的平台公司,他们主要影响的是生产关系。人类历史上,唯一能与 AI 技术比肩的是蒸汽机的发明,让机械逐步取代生物动力。随着 AI 逐渐达到甚至在部分领域超越生物智能,它将释放一种难以想象的巨大生产力。

都市快报·橙柿互动: 所以,接下来会有很多生产力公司出现?

杨仁斌: 没错,我们也在思考和摸索用 AI 解决原先自主学习的痛点,创造新的机会。当 AI 成为一个生产力工具,它会释放巨大能量,催生出一系列机遇。还是那句话,AI 时代想象力最重要。

曹鹏：脑机接口技术攻克癫痫难题

储　帆　梁应杰

到工厂上班、和同事正常社交，30 岁贵州小伙子刁银江逐渐适应了自己的新生活。如果他自己不说，没人知道他的大脑里装了一个微型刺激器——2023 年 5 月，他在杭州做了脑机接口手术，以治疗伴随他 10 多年的癫痫。

癫痫，是一种由脑部神经元异常放电引起的神经系统疾病。刁银江从小学开始发病，起初病情用药物控制，直到无法再往上加量，癫痫依然每天发作 20 多次。由于记忆力和反应能力都受到影响，他基本只能待在家里。

很多人知道癫痫俗称"羊癫疯"，但不知道，它也被称为"不死的癌症"。

■ 在脑子里植入"反导系统"

走在佳量医疗的实验室和办公区，最常见到的是一个个不同材质的大脑模型。创始人兼 CEO 曹鹏拿起其中一个透明的模型，展示了颅骨侧面嵌着的一块微型刺激器，看起来有点像苹果手表（Apple Watch），厚度只有 6.85mm，仅约为颅骨厚度的三分之二。

就是这样的一台设备，藏在刁银江的头皮底下，让他摆脱了"不死癌症"无休无止的骚扰。

设备原理说起来并不复杂，医生通过手术将电极植入患者颅内病灶，与固定在颅骨上的微处理器连接，当微处理器探测到脑内异常放电，就立即进行电刺激，抑制癫痫的发作。

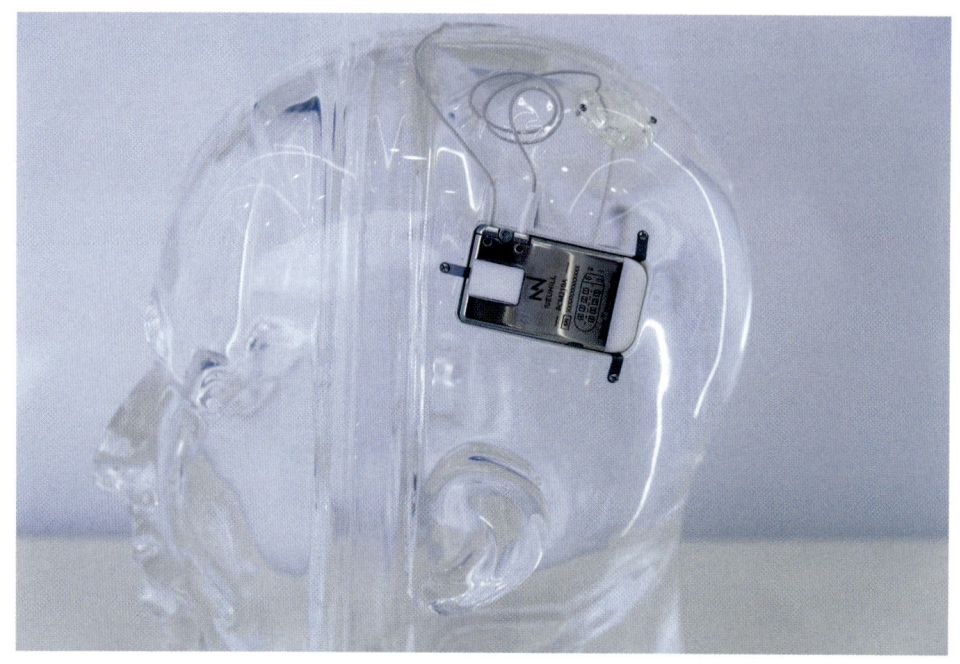

Epilcure™闭环神经刺激器

"就像一个反导系统,24小时实时监测,一旦发现危险信号,马上做出反应。"曹鹏介绍,这样的临床手术,至今已完成了40多例,患者的术后反应都很好,"有人一周后就能下地走路,前几年做手术的孩子已经可以骑车上学。"

在国际上,这项技术不算最新,早在2013年美国就将脑机接口技术用于神经调控方面。但即使在10年后,脑机接口因为马斯克的疯狂项目被广为传播,国内的临床应用还是非常少。

为什么曹鹏要瞄准癫痫?从数据上看,中国约有1000万人患有癫痫,其中30%的患者无法通过药物控制病情,在技术进步前,他们通常只有一个残酷的选择:开颅切除病灶,成功率只有70%,且会伴随很高的手术风险。

这也是癫痫"不死的癌症"称号的由来。

通过四年多的探索,佳量医疗给出了另外两种治疗方案。如果病灶位于非功能区,可以通过磁共振引导激光消融系统LaserRO™进行治疗,如果病灶位于功能区，可以像刁银江那样植入脑机接口设备 Epilcure ™闭环神经刺激器。

两项技术，都由佳量医疗自主研发完成。

■ 一根导管也有专利

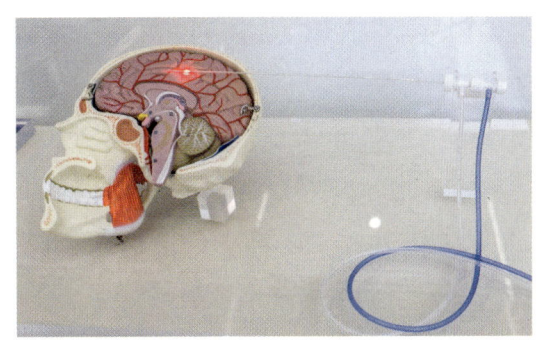

磁共振引导激光消融系统 LaserRO ™

Epilcure ™闭环神经刺激器是 2020 年，佳量医疗联合浙江大学及浙大二院、宣武医院、华山医院等科研力量联合开发的。小小的刺激器上整合了多项先进的创新技术，比如芯片、可靠的癫痫信号检测算法、稳定高效的蓝牙传输技术、无线充电电池等。

他们还解决了患者长期佩戴会遇到的充电问题：只需要将充电设备佩戴到手臂上，再戴上一顶配置蓝牙设施的帽子，刺激器就自动开始充电，充电 2 小时能使用一周左右。

"无线充电是我们相较于国外产品的一大创新点。"曹鹏表示，过去的神经调控设备用不可充电电池，电池寿命一般在四五年。他们想做的是一款永久植入的产品，保证机器的寿命在 10 年甚至 20 年以上，"首先把设备植入体内需要非常好的组织相容性，其次要保障电池在充放电状态下的温升和安全性，不能出现任何风险。"

而磁共振引导激光消融系统 LaserRO ™，创新

Epilcure ™ 闭环神经刺激器

性地在消融手术里引入了磁共振温度成像，让医生在手术过程中能看到高清的大脑结构信息，实现精准的测温控温，降低对病灶周围脑组织的损伤，以便更好地保护患者的记忆及语言等高级认知功能。

区别于传统的大开大合的开颅手术，这一手术只需要在颅骨上开一个小洞，把微小的激光光纤插入病灶里，通过激光消融的方式精准损毁病灶，可用于治疗癫痫以及脑胶质瘤、脑转移瘤等更多类型的疾病。

佳量医疗的一楼大厅，有一整面专利墙，可以看到大到激光消融设备，小到光纤导管、颅骨螺钉都有专利。比如，他们在研发中采用了全球首创的双波长技术，可以针对不同肿瘤的形状做适形消融。

"我们提供6种型号的光纤导管，光纤导管越小，创伤越小，但技术难度会更大。佳量医疗目前已经做出全世界最小的光纤导管，直径仅为1.55毫米。"曹鹏说。

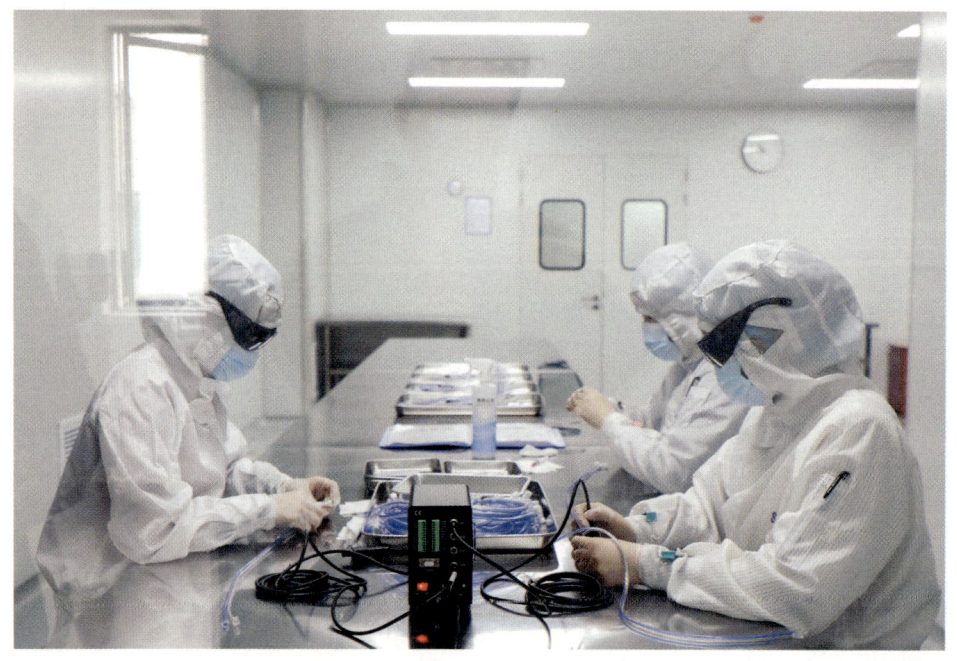

实验人员正在进行设备检测

■ 靠一份 PPT 在余杭站稳脚跟

85 后曹鹏曾经就读于西安交通大学生物医学工程专业。在科研一线，他感受到国内的医疗器械和国外存在巨大的差距。"当时在医院里，临床用的高端医疗器械都是国外进口的，价格很贵，很多家庭因为负担不起而选择放弃治疗。"

毕业后，他前往法国国家高等研究院和法国贡比涅技术大学的联合实验室深造，从事磁共振影像科学研究。那时，他就有一个理想，"未来我们要做国产的高端医疗器械，让中国患者用得起，让国外患者也用上中国的产品。"

曹鹏学成回国后的第一站是全球五百强企业 GE 医疗，在那里他接触到先进的技术，和顶尖团队并肩作战。几年后，他加入了一家医疗领域创业企业，带领团队"从 0 到 1"研发人工心脏瓣膜置换系统。

2018 年 9 月，世界首例经右心房三尖瓣介入瓣膜 LuX-Valve 手术顺利实施，救治了一名无法实施外科手术的三尖瓣重度反流患者。术中使用的正是由曹鹏团队研发的经导管人工三尖瓣置换系统。

随着人工智能、脑机接口等技术的发展，脑科学领域变得空前热闹。曹鹏决定再次创业，在神经科学领域探索新的治疗方式。

2020 年年初，从位于宁波的上一家公司离职当天，他没回家，拖着行李箱单枪匹马就来到位于杭州余杭区的未来科技城。在朋友公司的临时办公室里，他花了几天时间将多年的构思形成了一份商业计划书，并以此参加了浙江海外高层次人才创新园（简称"海创园"）人才项目评审。

"当时我没有团队，一个人做了一份 PPT，介绍了产品设计和商业化路径。一周后我收到评审通过的消息，就这样在这里扎根了。"曹鹏说。

后来，以这份商业计划书为种子，佳量医疗开始野蛮生长。

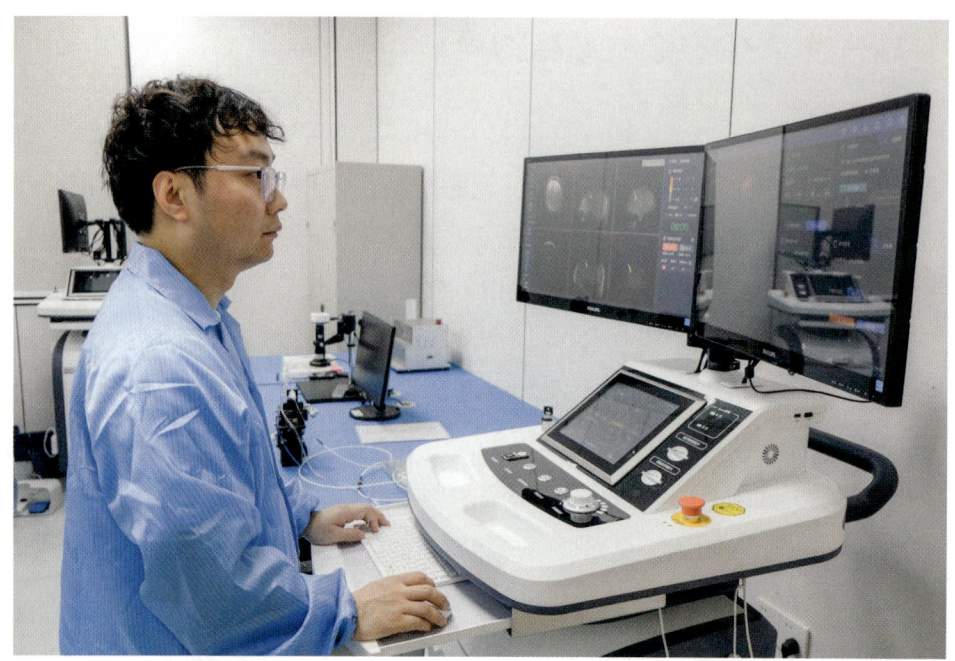

工作人员正在展示磁共振引导激光消融系统 LaserRO™ 页面

对话"新青年"

● 未来价格肯定要比国外便宜很多

都市快报·橙柿互动: 目前公司两个核心产品市场化处于哪个阶段?

曹鹏: 目前闭环神经刺激器 Epilcure™ 和磁共振引导激光消融系统 LaserRO™ 两大创新产品都进入了临床试验阶段,其中 LaserRO™ 已经完成了癫痫适应证的全部患者入组,正在申请国家药监局三类医疗器械产品注册证。

另外,LaserRO™ 还在申请美国食品药品管理局(FDA)的认证,期待打入美国市场。

都市快报·橙柿互动： 未来在定价上会比国外产品便宜吗？

曹鹏： 会的。目前，国外的磁共振引导激光消融系统一套要卖数百万美元，我们全套系统从软件到硬件都是自主研发，成本可控，未来在国内的售价也会便宜不少，现在已经有医院表达了明确的采购意向。

● 长期佩戴后癫痫可能不再发作

都市快报·橙柿互动： 现在植入脑机接口临床怎么收费？

曹鹏： 目前被临床试验选中的患者使用这款产品，只需要支付住院和手术等费用。

都市快报·橙柿互动： 和哪些医院有合作？

曹鹏： 我们这个临床试验是由复旦大学附属华山医院和首都医科大学宣武医院共同发起的，参与单位还有浙江大学医学院附属第二医院、四川大学华西医院、中南大学湘雅医院、中国科学技术大学附属第一医院、福建医科大学附属协和医院、河北医科大学第二医院、福建医科大学附属第一医院。

工作人员正在检测电路元件

都市快报·橙柿互动： 长期佩戴设备有可能实现治愈吗？

曹鹏： 从国外的经验来看，是很有可能的。从我们现在掌握的临床数据中也能发现，随着植入时间的延长，治疗效果会越来越好。

● 新质生产力更需要耐心资本

都市快报·橙柿互动： 因为产品没拿到资质无法市场化，这几年佳量都是在烧钱状态？

曹鹏： 过去几年，我们陆续融资了四五轮，前前后后投在研发上的有2亿多元了。

都市快报·橙柿互动： 为什么会觉得这个事一定能成？

曹鹏： 我一直从事医疗器械行业，知道技术怎么打磨成产品然后市场化。癫痫确实是个很大的市场，又需要更好的解决方案，所以我想未来一定可以成功。

都市快报·橙柿互动： 你觉得国外的医疗创新对国内有什么借鉴？

曹鹏： 在法国感触最深的还是资本对医疗创新的支持，对阶段性失败的容忍。新质生产力很多都是"从0到1"的创新，更需要耐心资本的支持。

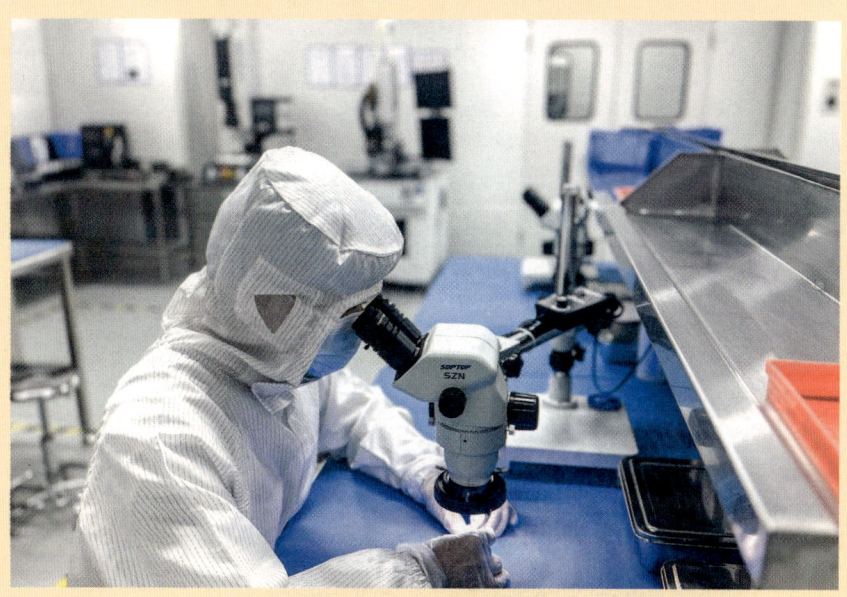

实验人员正在进行研发测试

● "Made in China, for the World"(中国制造,惠及全球)

都市快报·橙柿互动: 怎么看待这些年医疗器械领域的国产替代?

曹鹏: 其实过去5~10年,国内做医疗器械的企业发展非常迅速,产业链也非常完备,很多产品是可以和国外产品正面竞争的。但毕竟积累不够深厚,还是需要一点耐心,包括社会层面对这些企业的耐心。

都市快报·橙柿互动: 所以你觉得国内医疗企业有出海的机会?

曹鹏: 当然。一家一流的医疗器械企业,一定是全球性的医疗企业,一定是"Made in China, for the World"。

楼畅 90后
爱我科技创始人

美业"创二代"

"这一代年轻人的生活方式越来越宅了……将传统美容与科技美容深度融合，更符合当下年轻人的生活习惯和生活节奏。"

楼畅：革新美业，设计带 AI 算法的"梳子"

王潇潇

在主机上安装光谱微距检测镜，紧贴头皮、拍几张照片，经过 AI 算法处理后，系统自动识别毛囊状态、头皮敏感程度和油脂情况，最后生成一份数据化的检测报告，并给出专业精准的指导方案。

用这套"可视化+AI 算法"代替"院线+医生诊疗"，是爱我科技创始人楼畅研究的核心。

楼畅身上贴着诸多标签，难以回避的是"二代"的身份——他的母亲祝愉勤是浙江美业龙头静博士集团的创始人。和很多"二代"一样，正迈入而立之年的楼畅，正在面临一场关于传承的大考。

不过，这位 90 后"创二代"的野心不止于此。

■ 小小生发仪装了个"智慧大脑"

楼畅的创业想法，萌芽于一个温情的故事。"2021 年，我们全家迎来了新成员，但我的妻子却遭遇了严重的产后脱发，头发大把大把脱落，那份无助与焦虑，让她整日忧心忡忡。"楼畅说。

为了找到解决之道，楼畅带着妻子在院线美容进行了专业的头皮检测，结合皮肤科医生对产后脱发的成因、过程和缓解方法的科普，妻子终于放下心来。

这次经历让楼畅内心深处产生了一个念头——能不能创造一种更加便捷、高效且适合家庭使用的护发方案，帮助饱受脱发困扰和有生发需求的群体？

此前，国家卫健委有数据显示，我国脱发群体中，30岁以下人数占总数的69.8%。其中占比最大的为26岁到30岁的青年，高达41.9%。脱发已成为大家的心头大患，这是一个很大的消费市场。

很快，基于40万份头皮样本数据，楼畅和他的开发团队联合复旦大学管理学院信息系统与信息管理系张诚教授的AI团队花了4个月时间共同攻克AI诊疗，检测上与院线同源，借助AI算法帮助图像数据化，将院线专业的诊疗流程"复刻"到家用仪器上。

完成了第一步AI诊疗后，团队又用了近一年时间，将院线机构的尖端光电科技综合到了这台仪器上，帮助用户防脱生发。

这款产品还藏着很多不起眼的小改革和小发明。比如电子肌肉刺激技术（EMS微电流技术），在经过了数百次波形和频率调试后，在常规的参数基础上做了微调，大大降低了使用刺痛感。在导液阶段，附加了一个反重力导液系统，这也是楼畅团队的专利技术，有了这个小发明，无论哪个角度都能实现导液的均匀和直达毛囊根部。

MYAI 智能密发仪

■ 想做中国美业的革新者

"如果不好好努力，就要回家继承家业。"这句普通人的玩笑话，对很多背负着"二代"标签的个体来说，往往是内心深处不愿提及的敏感地带。

楼畅：革新美业，设计带 AI 算法的"梳子"

在创办爱我科技之前，楼畅有过很长一段时间的迷茫期。

因为不知道自己喜欢什么，楼畅在大学期间选了 3 个专业，每天只睡三四个小时，甚至要靠安眠药入睡。即便在哈佛学刊上作为教授助理发表论文，拿到了波士顿金融机构的录用通知，空虚感和迷茫感还是越来越强。

大学毕业后，楼畅下到基层，在衢州龙游的一个村当"村官"，岗位叫作征迁指挥部驻村外宣干事，负责拆迁宣传工作。这是一项非常辛苦的工作，很长一段时间，他的工作是走访村民，和他们谈拆迁的事。"谈得好时，还行，一旦话不投机，村民扫帚就举起来了。"

近一年的"村官"生涯，让楼畅变得更加接地气。在此之前他设想继续钻研学术，还收到了几个不错的录用通知，但是这段经历使他彻底改变了想法，最后决定哪儿都不去了，就在国内，做一些真正创造价值的事情。

MYAI 生发仪是楼畅第一个创业项目。他认为，自己所处的时代和父母辈创业的时期已截然不同，大数据、人工智能等现代信息技术应用已经渗透到了生活、生产的方方面面，深刻改变了消费方式和消费习惯。

"你会发现，这一代年轻人的生活方式越来越宅了。在此背景下，美业肯定不能再走过去的老路了，将传统美容与科技美容深度融合，更符合当下年轻人的生活习惯和生活节奏。"楼畅说。

"村官"时期的楼畅

对话"新青年"

● **大学里有两个暑假在墨西哥"挖土"**

都市快报·橙柿互动： 求学阶段，有什么让你印象深刻的经历吗？

楼畅： 大学里有两个暑假是在南美度过的，当时就在墨西哥"挖土"。因为本科学了3个专业，人类学、经济学和国际关系，而人类学中很重要的一部分就是考古。

考古其实特别辛苦，现场就是一片大工地，需要往下不断地挖，简直是大海捞针。我们一般会先做一次田野调查，做完再去排查，选定几个区域开发，用耙子铲树叶、树藤和荆棘，有时候要用火烧。如果找到成果，将树根全部剪掉，用小铲子细细挖，还要用筛子筛土，因为你不知道土里还有什么，最后将它们做分类。

有一次在波士顿近郊，就是打响美国独立战争第一枪的地方，那里有很多战争时期的遗物，我们找到了一间谷仓附近的地，第一期什么都没挖出来，第二期还是什么都没挖到，到了第三期终于挖到了一个弹壳，最后又挖到了大炮、布条、轮胎。

考古工作听起来很神秘很美好，其实是一个需要体力和韧性的工作，大量的重复劳动以及找线索是一个漫长且枯燥的过程，如果没有热爱，很难坚持下来。

在南美考古

● 从产品开发到量产总共花了一年半时间

都市快报·橙柿互动：介绍下你们的研发周期吧。

楼畅：我们从产品开发到量产总共花了一年半时间。先是整个产品定义和工业设计花了4个月时间，供应链选择、样机开发又花了三四个月，第一代样机没有达到我们的要求，废掉了，紧接着开发了第二代，开模和量产又用了近3个月。得益于深圳、佛山供应链的完善，整个速度是比较快的。

都市快报·橙柿互动：所以是在广东生产的？

楼畅：对，虽然这些3C类配件宁波、金华等地都有，但是没有广东那边这么齐全。另外，我的产品中涉及精华液，广东日化根基深厚，对接欧洲很多的原料研发商，有很多配方公司，制造业基础与创新研发相辅相成，核心竞争力明显。

我认为未来医美、美妆行业的竞争是原料的竞争，目前不少浙江企业在原料、核心技术方面的自主研发，对整个产业链有直接带动作用。

● 这个行业在未来不会被单纯定义为美业

都市快报·橙柿互动：你觉得"创二代"这个身份对你有什么影响？

楼畅：对这个词没有特别大的感觉。对我来说，创业是一个长期持续的过程，是一种生活方式，仅此而已。可能受到了父母辈的影响，我很能适应这种生活方式，也很享受这种创造价值带来的快乐。

都市快报·橙柿互动：如何看待中国美业未来的发展？

楼畅：我们所处的时代，人们对生活有无限美好的向往，也会越来越关注自身。这是一个代表未来的行业。我觉得这个行业以后可能不会被单纯定义为美业。

AI 殿堂"门童"

张仁杰 95后
公众号"数字生命卡兹克"主理人

> "AI 大模型的涌现让影像的制作门槛变低了……几天做出一段科幻短片,在传统影视工业里属于不可能完成的任务。"

张仁杰：从 AI 科普到影视制作

童　蔚

"AI 会像美图软件中的磨皮功能一样，把皱纹全部去掉，导致人物脸部没有细节，看上去很假……所以 AI 换脸后，这些细节只能靠人工把它加回来，即人工 + 智能。"

和朋友走进影院观看唐季礼执导、成龙主演的新片《传说》后，卡兹克的"职业病"犯了，忍不住连夜写起关于 AI 换脸的科普文。

而知名公众号"数字生命卡兹克"的主理人张仁杰，一个 95 后大男孩，一年前还是个酷爱打游戏的普通上班族，现在，他是 AIGC 世界影响力最大的关键意见领袖之一。

■ 用 200 篇原创文章打造一个"数字分身"

除了是《神话》的续集，暑期档电影《传说》的另一大宣传亮点，是利用 AI 换脸技术，使 27 岁成龙的面容重返大银幕。

然而，这个最大卖点，也成了部分网友观影后的吐槽点：总觉得哪里不太对，表情不够自然。

其实 AI 在影视剧的运用也不是第一次，《流浪地球 2》中刘德华和吴京年轻时的样貌就是用 AI 制作出来的，"哪些是肌肉活动产生的褶皱，哪些是因年龄增长产生的皮肤纹理，在 AI 换脸后，一点点重新做回去……最终的结果就是 AI 在不同镜头里帮《流浪地球 2》剧组完成三成到七成的工作，剩下的全靠人手动调节。"卡兹克介绍道。

当在键盘上敲下最后一个标点符号，卡兹克看了眼编号，这篇关于 AI 换脸的科普文章刚好是他的第 200 篇原创文章，前面 199 篇也全部和 AI 相关，其中涉及了很多使用 AI 的小技巧，比如怎么让老照片动起来，怎么用 AI 生成音乐，等等。

接下来，卡兹克决定将在公众号里引入 AI 智能体，让它根据网友的提问，基于过往科普文章中的知识点进行解答，将这些"干货"精准地推送给网友。

"类似于打造一个数字生命版的我。""卡兹克"是游戏《英雄联盟》中张仁杰最爱的角色——一个灵活的"打野刺客"；数字生命是《流浪地球 2》中的概念设定，红极一时。

2023 年 2 月，当他以"数字生命卡兹克"的身份踏上这段 AI 科普的旅程，不会想到自己会这么快迎来一个"数字分身"。

■ 参加颁奖典礼时前面坐着张艺谋

介绍卡兹克，绕不开他和 AI 共创的《流浪地球 3》"预告片"。

2023 年的暑期档，AI 视频生成工具在全世界人的面前"初秀肌肉"。刷屏的《芭比海默》让正在热映的《芭比》真人电影和《奥本海默》跨时空碰撞，激发了卡兹克的创作灵感。他花了 5 个晚上，用 AI 绘画和视频生成工具，分别生成 693 张图和 185 个镜头，最后选出 60 个镜头，剪辑成《流浪地球 3》的"预告片"。

现在回看这段 1 分 13 秒的"预告片"，更像是动态版 PPT。但在那时，它已足够惊艳，以至被《流浪地球》系列的导演郭帆看到。

此后，卡兹克与郭帆数次碰面，两人聊得最多的是 AI 技术，"郭导迫切想了解 AI 对影视行业会产生什么影响，能否有一些赋能。他还去了趟硅谷进行'特种兵'式的考察拜访，去了 OpenAI（开放人工智能研究中心）、Meta（元

郭帆和卡兹克（右）

宇宙平台）、Pika Labs 等公司。"

2023 年 11 月，郭帆团队与华为、小米等达成合作，共同探索用 AI 技术打造电影工业化 3.0。

2024 年 2 月 16 日，卡兹克一早便在公众号发布通宵创作的《OpenAI 全新发布文生视频模型 Sora：现实，不存在了》，迅速收获几百万阅读量，在社交平台实现了现象级刷屏。

一个月后，中央广播电视总台央视电影频道向他抛出荆楚文化的"命题作文"。最终，卡兹克和小伙伴"肝"了10天的AI短片《玉覆荆楚》，入围央视电影频道首度推出的"AI影像人才优选计划"。

在颁奖典礼上，坐在卡兹克前面的，是乌尔善、张艺谋、成龙等，这让他感觉到一阵阵恍惚。但一个初出茅庐、没什么导演和剪辑经验的"外行"，能创作出令大导演也惊叹的作品，却是AI时代最好的注解。

■ AI 殿堂的门童

凌晨三四点睡下，中午十一二点起床后开始一天的工作：实测各种AI工具，用AI进行创作，撰写当天的科普文，拜访各大互联网公司、创业团队……这是卡兹克的日常。

睡得晚，是因为眼下AI行业的不少热点来自大洋彼岸；频繁的交流拜访，则是由于每天都要对外"输出"，自己首先得有足够的"输入"。虽然连轴转，但他乐在其中。

这趟AI奇幻之旅的起点，是兴趣。

1995年，卡兹克出生在安徽的一个普通家庭。他从小成绩一般，并不是传统意义上"别人家的孩子"，但对很多事有好奇心，动手能力强，爱捣鼓，喜欢拆东西。就读于广东湛江师范学院的4年，卡兹克主修视觉传达设计，大二开始自学用户界面设计（UI）和用户交互体验。

大学毕业后，他成为"北漂"，先后在金融贷款公司和互联网基金信息服务平台做过用户体验设计师，也当过设计总监。

2022年年底，随着ChatGPT聊天机器人程序和AI绘画工具的"出圈"，卡兹克发现它们非常适合追求效率的"懒人"，于是开始潜心探索各种AI工具。

"AI可比游戏好玩多了。洛丹伦的雪，史东薇尔的风，海拉鲁的草原，瓦洛兰的虚空（都是游戏中的地名），都不及你亲手造一个世界来得有趣。"2024

生活中的张仁杰

年3月,卡兹克正式离职,当起了全职AI博主。

他说,从一开始给自己的定位,就是AI这个神圣殿堂的门童。"门童,就是将门打开,把人引进去。顺便做一些小小的讲解,让大家看看,这殿堂里有风有雪,有爱有光。它能让你的想象变成现实,让皮卡丘和路飞共舞,让弗洛伊德和乔布斯握手……"

对话"新青年"

● AI视频生成技术
国内外公司目前能打平手

都市快报·橙柿互动:你怎么看AI生成视频在这一年里的进步?

卡兹克:我们通常将Sora(生成式人工智能模型)的发布作为一个分水岭。

它发布前的1.0时代，AI生成的只是一个4秒动态PPT，大场景的动态，不涉及具体人物的动作。它发布后的2.0时代，一些简单的人物动作可以实现了，比如让一个人跳舞。可能到了3.0时代，AI更能理解运动中的物理规律，生成的视频可以呈现人与人之间复杂的交互，比如打斗戏。

都市快报·橙柿互动：这轮多模态大模型的"激战"，国内大厂和创业公司的表现如何？

卡兹克：2023年下半年，我们一度以为在AI视频领域，就和AI绘画一样，国内外会存在大差距，很难去追。

2024年2月Sora发布，震惊世界，不过至今它还是期货状态，真正展现实力并开放给大家使用的，是快手的可灵。其他国产视频模型也在陆续落地，这时大家发现，技术上我们已经可以跟国外打个平手。

比如，现在有个可控性很强的功能叫首尾帧控制，即上传视频首帧和尾帧图片，模型可补全视频中间内容，这就是国内公司率先推出的。

● 远不是一键成片那么简单

都市快报·橙柿互动：具体到影视行业，AI视频生成技术的应用可以到哪个阶段？

卡兹克：AI大模型的涌现让影像的制作门槛变低了。我一个人"肝"上几天，就能做出一段几分钟的科幻短片，这在传统影视工业里属于不可能完成的任务。

不过，这与大家想象中的"一键生成一个片子"完全不一样。我在复盘《玉覆荆楚》时也提过，当时的剧本、分镜几乎都是人工完成的。在AI出图阶段，一些需要局部重绘的，我们也是直接掏出了PS、AE等工具，比如当时AI完全不知道什么叫"一幢只开着一盏灯的办公楼"。

AI 当时没能生成"一幢只开着一盏灯的办公楼"

用 PS 搞定

至于配音、音效、音乐、剪辑,那次几乎没有用到任何 AI 流程,在这些领域,现在的 AI 还达不到 80 分作品所需的水平。

● 影视从业者：从焦虑到实践

都市快报·橙柿互动：你和许多影视从业者有过交流，他们对 AI 技术持什么态度？

卡兹克：起初明显可以感觉到大家普遍都是很焦虑的心态，不知道 AI 技术到底是辅助利器，还是会彻底颠覆行业，改变游戏规则。

但从 2023 年年底开始，一些影视从业者陆续将 AI 当作一个实用的工具，将其整合进影视制作流程，实现降本增效。

● 打算做一部科幻题材的 AI 长篇剧集

都市快报·橙柿互动：能介绍一下你 7 月 17 日上线的 AI 预告片《末日之旅》吗？

卡兹克：这可能是我想做的第一部 AI 长篇剧集。科幻、克鲁苏、末日题材，始终有着让人无法抗拒的吸引力，不过目前只有"克鲁苏统治者古神意外复苏，引发一场波及全球的浩劫"这样一个大背景，其他还没想过。

跟此前的作品相比，特别之处在于它是我花了 3 个晚上，全程用文生视频完成的，想让大家了解这个功能目前可以达到的能力上限。

● 培养主动寻求 AI 解决方式的思维比买课更重要

都市快报·橙柿互动：可以推荐几款你觉得国内相对好用的 AI 工具吗？

卡兹克：日常用得比较多的 AI 助手是月之暗面的 Kimi、抖音的豆包。AI 绘画工具方面，快手的可图、商汤的秒画不错；AI 声音工具，有出门问问的魔音工坊；AI 音乐工具，如天工 SkyMusic；数字人的话，有商汤的如影。

都市快报·橙柿互动： 作为资深实践者，对于那些刚开始接触 AIGC 的新手，有没有什么入门的建议？

卡兹克： 就我的体会，AI 本身不是一个需要入门的东西。根据实际场景，比如工作生活中遇到什么痛点，你就可以尝试上网搜索借助 AI 来解决问题的方法。

换个说法吧。过去我们遇到问题，会想着问亲朋好友，去找搜索引擎，那么现在可以多一种选择——看看有没有现成的 AI 方案可以帮忙解决。

AI 变化很快且应用端很庞杂，所以我觉得培养自己主动搜索和寻求 AI 解决方式的意识和能力，可能比买课上培训班，单纯知道几个知识点更为重要。

陶苏萌 80后
良渚黑陶文化科技创始人

良渚黑陶"老派大师"

"文物的活力在于融入生活、回归社会、服务人民、延续价值,这是我们最终要达到的目标。"

陶苏萌：把博物馆中的文物摆上餐桌

顾国飞

从大陆村到良渚博物馆的 10 千米路，陶苏萌不知走了多少遍。怀抱对家乡良渚文化的情感、对黑陶文化的热爱，他辞去国企的工作，投入黑陶文化的研究与事业发展。数年间，他走访各地、潜心钻研，建立起多家梁渚宴博物餐厅，创办黑陶文化科技有限公司，并打造了完整的黑陶产业链。

这位年轻的黑陶大师成功复刻了良渚先民的黑陶烧制技艺并获得发明专利，将良渚文化送入了大众生活，将博物馆中的文物摆上了餐桌。

■ 复活黑陶，窑是关键

陶苏萌是良渚七贤桥人，从大陆村（当时那个地方还是叫大陆乡）到良渚博物馆，要走 10 千米路，往返就是 20 千米。他时常回忆起小学时学校组织学生去良渚博物馆参观的场景，"顶着大太阳走到现在的老街，参观完再走回去。当时看到就觉得还是挺震撼的，因为没见过这种东西。"

即使当时良渚博物馆展出的文物中，良渚玉居多，黑陶只占很小一部分，陶苏萌还是对黑陶产生了极大的兴趣。后来在机缘巧合之下，他与河坊街的一家民营黑陶博物馆结缘，开始了对黑陶文化与技艺的探索。

良渚出土的大量黑陶文物，均是成品。但在本土的考古挖掘中，并未发现烧制黑陶的窑。这成了陶苏萌复刻良渚黑陶技艺的关键。

数年间，他走访了全国各地的黑陶产地，与山东、云南等地的大师深入交流。不过，由于气候、土质的不同，其他地方的烧窑技艺与良渚先民所使用的有出入，良渚的泥土运送到其他地区后，并不能成功烧制出黑陶。

黑陶不上釉，究竟如何仅仅用一口窑，就将普通的泥坯烧成黑色？

寻求已有经验的路子走不通，陶苏萌只好自己去研究。他花了整整10年时间，通过遍访名师和自己摸索，结合普遍的制陶经验与良渚本土黑陶的特点，在一遍遍尝试与失败后，最终完成了良渚本土窑的复刻。良渚黑陶烧制所用的窑也成功获批了一项发明专利，该专利涵盖了烧制黑陶的各项技术。

黑陶器物

■ 把黑陶变成日用品送入大众生活

完成了黑陶烧制技艺的复刻，黑陶的生产已经不成问题，陶苏萌开始思考，如何让文物真正"活"过来。

在其他黑陶产地，黑陶大多作为工艺美术品流入市场，推广范围小，且大多没有保留黑陶文物本身的外形与文化内涵。要想真正让黑陶"活"过来，就不能仅仅将其作为艺术品进行推广。

陶苏萌和同事对馆藏文物整理分类后发现，这些文物无外乎都是先民生活中常用的锅碗瓢盆，是实用器，跟良渚玉之类的装饰性、象征性、祭祀性文物不一样。在古代社会，高端的玉只有权贵才能戴，锅碗瓢盆则是权贵要用，老百姓也要用的。黑陶在当时作为常用的生活器物，已经形成了成熟的产业。

由此，陶苏萌产生了一个大胆的想法——把文物送上餐桌，作为日用品送到人们的生活当中。于是他在滨江开了第一家黑陶博物餐厅，取名"梁渚宴"（这里有个寓意，据良渚镇志记载，"良渚"古称"梁渚"）。在餐厅中，顾客用餐的所有餐具都是黑陶，馆中陈设有良渚黑陶文物，同时也有复刻的黑陶礼品。

"文物的活力在于融入生活、回归社会、服务人民、延续价值，这是我们最终要达到的目标。"陶苏萌说。

除了梁渚宴餐厅，陶苏萌的黑陶公司还会承接企业订单，定制企业专属的良渚黑陶礼品，"未来销售礼品是重中之重，因为黑陶产业化是绕不开大众市场的，不能光靠讲故事活下去。"与景德镇瓷器使用的高岭土不同，良渚黑陶使用的是最普通的泥，因此商品价格并不昂贵，赋予其文化身份后作为馈赠礼品有独特的优势。

黑陶变成日用品

梁渚宴博物餐厅

餐厅中所有餐具都是黑陶

年轻的"老派大师"

2021年年底,陶苏萌注册成立了杭州良渚黑陶文化科技有限公司。"我们自己设计、自己研究、自己做产品,然后自己出售产品。"陶苏萌谈道。与一般的文化公司或文创公司不同,黑陶文化科技有限公司有自己的技术专利和完整的产业链。

良渚黑陶园成立之初,陶苏萌要求至少修建两口窑,用于生产替换。未来,现有设施无法满足生产需求时,就搬迁到厂房式的生产地,将旧的生产园区变成仅供参观的乡村博物馆。他认为:"要让博物馆回归大自然,良渚文化本身也是在大自然中的。"

陶苏萌非常热爱艺术,特别是国画,他说只要懂艺术,工作也是一门艺术。尽管不是专业出身,但他坚持与各个领域的专家交流,不断学习黑陶文化、专业技艺。如今,陶苏萌运营的梁渚宴也走上了正轨。许多人猜测这么一座老派风格的"博物馆"餐厅,老板应该是位年迈的大师,不承想却是个四十出头的"老派大师"。

"我坚持老派的装修、坚持把文物送上餐桌,就是因为我对上一代人、对良渚文化怀有深厚的感情。"

"老派大师"陶苏萌

对话"新青年"

● 黑陶的生产过程是可持续的

都市快报·橙柿互动： 陶土是需要低温烧制的，温度是黑陶工艺中的难点吗？

陶苏萌： 温度其实不难，最难的是渗碳工艺。因为你看到的黑色是碳分子不断进去，直至饱和，饱和之后它就亮了。最开始我们烧出来都是红色的，到后面烧成瓦片一样的青灰色比较多一点。

其实在我们应用研究的过程当中，黑陶的烧制温度连1000℃都不到，大约就在800℃。不过800℃太低了，表壳很容易掉，所以我们就将温度不断烧上去，测试哪个温度最好。当然封窑的技术也是很关键的。

都市快报·橙柿互动： 生产过程中产生的烟是如何处理的？

陶苏萌： 我们烧陶用的是松木，松木的松油做墨水是最好的，于是我们做了一个处理装置，将排出的烟收集处理，后面做成墨，并刻上良渚的LOGO，作为文创产品。这也算是可持续的环保生产。未来这个处理烟的系统我们可能也会申请专利。我们还可以把它推广到其他烧窑的地区，将他们的烟收集过来，通过我们的装置处理后再转化成墨。

● "在博物馆里吃饭"

都市快报·橙柿互动： 梁渚宴中的"餐具"是从何而来？

陶苏萌： 我们从收藏的良渚黑陶文物中精心挑选了40多件不同款式的样品，进行1∶1复刻，制作出了成套的黑瓷餐具。因为商业化的用具用黑瓷体验方式更加实用，我们以工作室的形式进行实验生产，最终实现工业化。这40

老派风格的"博物馆"餐厅

多款复刻文物足够让一桌菜品使用的盘子都不重样。

都市快报·橙柿互动：如何通过梁渚宴推广良渚文化？

陶苏萌：我们的每一家梁渚宴博物餐厅都有不同的主题文化，并且我要求装修的时候要做到墙壁上"三米一个故事"。例如良渚山文化餐厅中，每个包厢名都是良渚的山名，墙壁上呈现的都是山的历史。良渚村文化餐厅中，利用照片重现了古村落的房屋建筑风貌、文化风貌，来参观的人如果发现家里祖辈生活的住房照片，自豪感油然而生，请客吃饭也会订以自己村落的名称命名的包厢，借机给客人介绍自己的家乡文化。

● 600多个刻画符号

都市快报·橙柿互动：刻画在咖啡杯上的符号从何而来？

陶苏萌：目前出土的良渚黑陶文物中，已经出现了600多个刻画符号，且这600多个刻画符号比甲骨文的年代还要再早2000年，但是目前为止没有进行系统的破译。我们作为一个研究良渚黑陶的民间企业，在不能确定符号确切内涵的前提下，不应该进行"权威"引导，留下想象空间让更权威的机构来解释也是好的。

都市快报·橙柿互动：这600多个刻画符号在推广黑陶文化中能起到什么样的作用？

陶苏萌：可以用作象征意义和多样化的宣传。我们可以用动画的形式讲述这个符号是怎么来的，甚至可以创作出一部动画片，以此助力良渚黑陶的"破圈"。

● 良渚文化进校园

都市快报·橙柿互动："良渚文化进校园"的概念如何落实？

陶苏萌：我们可以先与头部教育集团合作，将概念引入民营学校，开设关于良渚文化的课程，教授学生良渚黑陶的制作。公立学校也可以组织对良渚文化、黑陶制作感兴趣的学生来陶园进行研学。刚开始我们不确定孩子们对这样的事物是持什么样的态度，所以我们就进行了广撒网式的兴趣启发教学，如果效果好，将来说不定会形成一项很重要的兴趣课程，从小学到初中进行不间断地学习。

都市快报·橙柿互动：您对推广黑陶文化教育有什么样的期望？

陶苏萌：想象一下，也许很多孩子在学习黑陶文化的过程中，接受了良渚文化和黑陶文化的熏陶，启发了自己的兴趣，未来上大学去学陶瓷艺术或者考古，再回到自己的家乡，结合自己的知识助力良渚文化的振兴。或者像我一样，先进入其他行业，在有能力之后，因为对良渚文化的感情而选择投身这份事业。

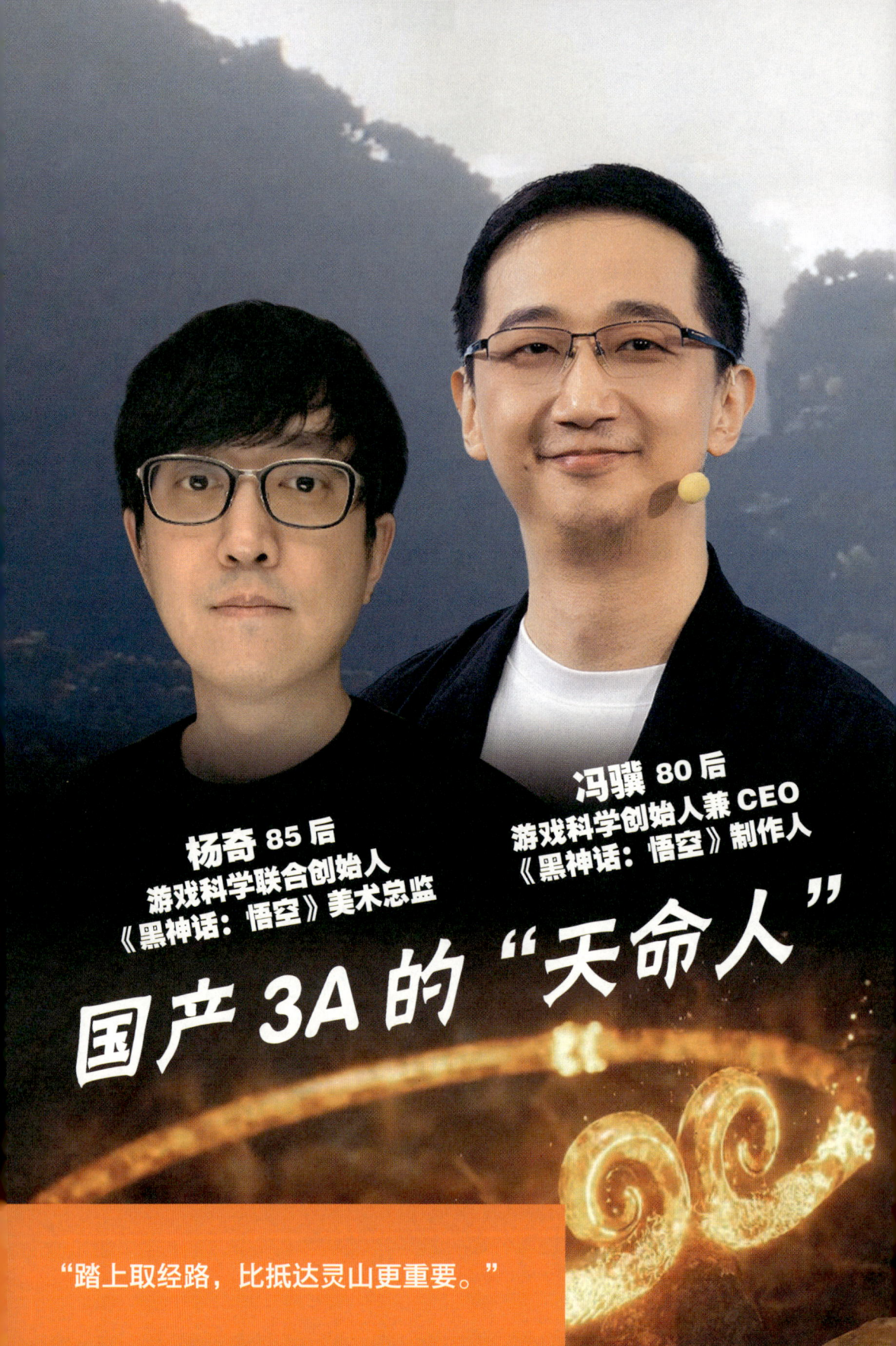

冯骥、杨奇：《黑神话：悟空》铸就国产 3A 梦

梁应杰

2024 年 8 月 20 日上午 10 点，第一款国产 3A 游戏《黑神话：悟空》正式解锁上线。这款立项于 2018 年 2 月的游戏，历经 6 年半时间的开发，终于交付到全球玩家手里。制作方游戏科学总部位于西湖边一处安静的产业园里，他们说，这是"直面天命"的日子。

■ 国产 3A 的"天命人"

"天命人"，既是指游戏里的玩家，一只神似悟空的猴子，在一个神佛隐去、妖魔横行的末法时代"拯救苍生"，也指制作方自己，用近乎唐僧师徒取得真经一半的时间（《西游记》中唐僧一行取经用了 14 年），弥补了中国游戏产业的空白。

一直以来，制作一款 3A 游戏都是游戏行业最令人热血沸腾的事。何为 3A？一般指大量时间（a lot of time）、大量资源（a lot of resources）、大量资金（a lot of money）。经常被称为"第九艺术"的游戏，本身就是技术和艺术的集大成者，"3A"无疑代表这种融合的最高水准。然而，国产游戏一直没能敲开这座殿堂的大门。

直到猴王出世。

预售期间，《黑神话：悟空》在游戏平台 Steam（蒸汽平台）上展现了极强的竞争力，包揽过全球、国区等的周榜第一，销量突破 120 万套，预计流水超

游戏中的"天命人"

3.9 亿元。且仅凭官方公布的少量实机演示视频,就已经得到全球知名 3A 游戏制作大师小岛秀夫的认可。

■ 终于有大量根据《西游记》原著改编的游戏了

2020 年 8 月 20 日,仅用一段 13 分钟的实机演示视频,《黑神话:悟空》就点燃了海内外游戏爱好者和西游文化爱好者的热情。有外国网友感慨:"终于有(大量)根据中国神话故事《西游记》原著改编的游戏了,它(《西游记》)是《龙珠》的原型。"

一句话道出了很多人的意难平。《西游记》是中国最知名的小说之一,然而里面最重要的角色孙悟空此前在全球范围内走红却是因为一部日本漫画《龙珠》。即使其作者鸟山明是《西游记》的粉丝,还亲自到北京、上海、桂林、昆明等地采风,但《龙珠》顶多只是少量借用了《西游记》的部分设定。

这一次,《黑神话:悟空》创造了一个契机:让全球的游戏爱好者系统地了解西游文化,沉浸式体验东方美学。他们需要一边挥舞棍棒,熟练使用各种变身和法术等绝学斩妖除魔,一边还要了解鬼怪的来龙去脉,理解暗藏玄机的偈语。

和当年《龙珠》开篇出现的桂林山水一样,他们看到更多的是以古建筑、佛像为代表,沉淀千年的东方美学。为此,游戏科学的取景团队遍访中国的名山大川、千年古刹。

除此之外,还有每部经典《西游记》作品都绕

游戏中的中式建筑

游戏中的佛像

不开的元素——音乐。在 8 月 8 日终极预告片发布后,一段带有 Rap 节奏的音乐《往生咒》意外征服了很多玩家。更令人难忘的,则是改编后的《云宫迅音》。

《云宫迅音》,原是电视剧《西游记》(1986 年版)的片头曲。2020 年,它的创作者许镜清开通了 B 站账号,发布了一条观看《黑神话:悟空》实机演示的视频。在这条视频的片尾,熟悉的旋律再次响起。

截至 2024 年 8 月底,这条视频的播放量已突破 600 万次,弹幕超过 1.6 万条,且数据还在不断攀升中。

这位 80 多岁的老人曾描述自己"一生低调,不登大雅,不善交际,无人问津"。2013 年,他首次将音乐作品《敢问路在何方》授权给游戏,就是当年

的网游《斗战神》。而该游戏的设计开发者就是如今游戏科学的主创团队。

《云宫迅音》的灵感来自农民工叮当叮当敲击饭盒的声音。《敢问路在何方》的旋律是他在等公交车的时候,看着边上小贩辛勤推销货物,想到自己操劳半生的母亲而获得的。可见,无论是原著里飞天遁地的孙悟空,还是电视剧历久弥新的动人旋律,都源于民间的朴素情感和有心人的灵光一现。

一位哔哩哔哩视频网站(B站)的上传者(UP主)分享了2018年自己在兰州吃牛肉面时发生的一件小事。进店时老板正教育还在上小学的儿子,起因是小朋友拆了一个枕头,把里面的棉絮都拉了出来。正当他觉得"熊孩子"该教育时,小朋友拿出了一个孙悟空玩具,把棉絮铺在了上面,并用稚嫩的声音说:"叔叔,筋斗云。"

"他的金箍棒呢?"这位UP主问道。片刻,小朋友从破旧的笔袋里倒出一堆笔,在里面挑出了一支"中华"牌铅笔放到"孙悟空"手上,说:"这是他最喜欢的一根。"

在小朋友眼里,孙悟空可以有很多金箍棒,最喜欢的一根恰好印着"中华"二字。

每个人都有一段属于自己的西游记忆,只是讲述方式千变万化。今天的主角《黑神话:悟空》,试图在3A游戏的世界竖起"齐天大圣"这面旗,就像当年孤身一人面对十万天兵天将的那只猴子,留下"若一去不回,便一去不回"的决绝身影。

人生斯世,各有正业,是即各有所取之经,各有一条西天之路。面对困难,菩提祖师说:"世上无难事,只怕有心人。"

游戏画面

无论如何,游戏科学这一步已足够,大不了"斗罢艰险再出发"。

■ 敢问路在何方?

翻看游戏科学联合创始人、《黑神话:悟空》美术总监杨奇的微博,大概就能知道,这群主创喜欢或者想成为哪类人。

2024年6月8日,《黑神话:悟空》预售开启,杨奇在微博上说道:虽然还没过瘾,虽然还有很多遗憾,但黑猴子终归是要出来见客了。

另一条微博里,杨奇感慨追光动画:十年倔头倔脑的创作,泥古不化,宠辱不惊。

再往前,在《黑神话:悟空》首支实机演示视频发布前两周,杨奇向好友林魂(动画《雾山五行》的导演)表达了祝贺:转眼5年,终于有响儿了,老林加油!

这次,终于轮到他们自己了,耗时6年半的黑猴登场了。

从小就学习国画的杨奇,对绘画艺术有着深厚的热爱。大学时,他进入中国美院油画系,学习西方传统绘画技法,用于创作大型历史文化题材的作品。大二时他开始对制作游戏产生了浓厚的兴趣,并开始学习数字绘画。

2004年,单机游戏的余光彻底散去,网络游戏站在了舞台中央。往前的2001年,一个叫

杨奇五六岁时的作品(图片来源于2018年,杨奇在中央美术学院举办的"重识游戏"艺术大展上的分享)

陈天桥的上海人花了30万美元，从韩国买来了一款游戏的独家代理权。很快，全国所有网吧的电脑屏幕上几乎都是《传奇》的画面。

往后的2005年，《魔兽世界》正式进入中国，仅用一个月就收获了150万名玩家。其中，一个ID名为"三和大王（King of Sanhe）"的玩家尤为疯狂。该玩家就是游戏科学创始人兼CEO、《黑神话：悟空》制作人冯骥。后来，他进入游戏公司担任游戏策划，网名为"Yocar"。

而杨奇，先是在杭州的太子龙男装做动画，期待着老板兑现两年后开始做游戏的承诺；随后又到了北京，进入一家韩国游戏公司，负责3D贴图的绘制，"画树叶贴图，每天画四五种树"。

2006年，杨奇回到杭州，加入了一家游戏公司，认识了一群人。2007年4月，他们拿到了1000万元资金，怀抱着"上线一款网游就能赚钱"的期待开始创业，计划做一款东方题材的大型多人在线MMO产品《山海志online》。

据同行回忆，当时山海志的角色设计就让人眼前一亮。参与其中的杨奇的名字很快在游戏圈传开。

那一年，冯骥的网名"Yocar"也轰动了游戏界。他写了一篇6000多字的长文《谁谋杀了我们的游戏？》，控诉国产网游不重视体验，只想着从玩家手里捞钱的糟糕现状：我们正在逐渐形成一种新的游戏策划指导思想，它的核心不是关于如何制作出"有趣的、让玩家获得快乐的"游戏，而演变为如何设计出一个成功的互联网圈套。

发现问题的不只有这位年轻的从业者。那年年底，南方周末记者曹筠武发布特稿《系统》，直指网游《征途》对玩家的精心操控，发出了"它的游戏精神是指向乐趣，还是指向权力和金钱"的质问。

面对众多的行业乱象，两位热血青年很快就迎来了看上去有可能玉宇澄清，却最终让他们抱憾十年的机会。

■ "白骨之后,再无西游"

2008年,冯骥加入腾讯的量子工作室,一年后杨奇也来了。当时在游戏领域,腾讯只是扮演代理的角色,缺少自己研发的产品。背靠强大的金主,冯骥、杨奇他们看到了打造一款心目中的游戏的希望。

承载这个梦想的,就是《西游记》。

时间先回到更早的2000年,新浪网的金庸客栈出现了一部奇文。网友"今何在"用20章的长篇小说,重新讲述了西游故事。在他笔下,唐僧师徒成了各自命运的反抗者。踏南天、碎凌霄的孙悟空并不认可神佛对这个世界的控制,对现世充满困惑的唐僧发出"要那诸佛,都烟消云散"的誓愿。小角色牛魔王常和人念叨:"如果你看见了他(齐天大圣),告诉他,兄弟们都很想他。"

过去20多年,这部名为《悟空传》的小说激励了许多人对西游故事的再创作,冯骥他们呕心沥血的网游《斗战神》也在这期间诞生。负责为该游戏架构世界观的,就是"今何在"本人。游戏讲述了神佛为了争抢"灵蕴",操纵苍生的故事。玩家扮演的取经人,需要一路斩妖除魔,揭开真相,拯救世界。

区别于当时大多数网游,《斗战神》在美术、配乐、玩法等方面更偏向于端游。后来冯骥也承认,团队是按照端游的水准打磨的这款游戏。杨奇也曾说:"当时觉得是在做中国最后一款端游。"

以玩法为例,游戏设计了格挡、躲避、跳跃等多种方式来为玩家提供防守选择,格挡成功后还能触发主动反击。对单机玩家来说,这是再熟悉不过的设计。

它的深层逻辑,在于玩家可以依靠自己的操控来弥补装备、等级间的差距。冯骥和团队极力避免成为《谁谋杀了我们的游戏?》一文里,自己讨厌的人。

也是因为《斗战神》,他们和许镜清结缘,买下《敢问路在何方》等经典配乐的版权,还邀请知名歌手演唱主题曲。可玩性强,不用"氪金",各种细节情怀满满,前期的《斗战神》成了经典。

然而,《斗战神》终究逃不过网游的宿命。原本团队规划了五个章节,结果第三章"再见夫人"之后,在资方的各种施压下,《斗战神》就像换了一副面孔,整体水准向圈钱网游靠拢。

遗憾又愤怒的玩家嘲讽冯骥为"卡总",留下了一句:"白骨(夫人)之后,再无西游。"冯骥他们也试图通过搞笑 MV,设计自己被玩家追打的场面,以表达歉意,但《斗战神》依然成了他们心中的块垒。

2020 年,《黑神话:悟空》首支预告片放出,结尾出现 8 个字:"白骨之后　重走西游"。"那一刻,我的心中似乎有什么炸裂开来。"当年的《斗战神》玩家"浪人甲"形容道。

也是在那天,杨奇在微博上写道:(这个题材)是我们十多年来的一个包袱。许多同事嘴上不说,但大家都很清楚这个心结难以回避。很荣幸今天能阶段性地展示一下目前的开发进度,未来也必全力以赴,希望最终不会再让你们失望。

游戏首支预告片结尾画面

■ 曾经我如此苍老，如今才风华正茂

《斗战神》惊艳亮相，遗憾落幕，团队里一部分人留在腾讯，一部分人转行做其他事，剩下的成立了全新的工作室：游戏科学。对市场嗅觉敏锐的冯骥抓住了手游的机会，先是以三国为蓝本做了一款卡牌游戏《百将行》，后来又做了款实时竞技手游《战争艺术：赤潮》。

不过，即使《赤潮》叫好又叫座，成为2017年iPad年度最佳游戏，还受到苹果CEO蒂姆·库克的垂青，冯骥还是越来越难受："做出来的这个游戏我不太想玩。"——他在《谁谋杀了我们的游戏？》里提出过一个观点：项目的策划，尤其是主策划不热衷玩自己的游戏，是游戏研发中极端危险的征兆。

他和杨奇都清楚，过去十年的遗憾在哪里，今后的梦想该如何安放。只不过在杨奇彻底表明态度前，冯骥还是有点犹豫。他说自己总是想等时机再成熟一点，比如存下更多的钱。

直到一次吃饭时，杨奇决绝地表达了"如果不再做，可能离开公司"的想法。"所以，我们开始认真探讨这件事。"冯骥说。

这件事被写在了差点被冯骥遗忘的2016年用于融资的商业计划书里，占据三分之一篇幅。更早的时候，写在了《斗战神》的每个细节里，甚至写在了网络还不发达时，他们年少热爱过的每一款游戏里。

于是，就有了今天的单机游戏《黑神话：悟空》。

对于为何在2018年那会儿坚定地要做这件事，杨奇给出的说法是，

游戏画面

人的创作精力有限，在这个时候如果不做一点好东西的话，这辈子可能就没什么机会了。

在确定做《黑神话：悟空》后，杨奇曾在中央美术学院举办的"重识游戏"艺术大展上有过类似表达："我们团队平均年龄32岁，有些人都有老年斑、抬头纹了，头发也变白了。我们是如此过时和陈旧……我目前要闭关5年做一款单机游戏，这款单机游戏是否会流行，会不会被别人说是老古董，我已经管不了这么多了。"

两年后，那支惊世骇俗的预告片发布前一天，游戏科学发了一张海报，配文：曾经我如此苍老，如今才风华正茂。

游戏科学在社交平台发布的海报配文

在他们的微博里，很难看到关于这6年半的种种艰辛。他们更喜欢晒工作和生活的日常。比如，冯骥推荐过一本"心灵鸡汤"的书；杨奇尝试过做一款无懈可击的汽水，也曾用12味"独门秘料"做出单颗成本超35元的茶叶蛋，同事吃完给出统一的评价：咸……

2023年年底，冯骥说："去不断创造打动自己的游戏，去一次又一次直面你们真实的期许。这是我们的荣幸，也是我们的天命。"

■ 踏平坎坷成大道

2024年8月16日晚10点，称得上是《黑神话：悟空》开香槟的时间点，IGN中国、机核网、3DM游戏等游戏自媒体纷纷对游戏给出了满分10分的评价。IGN 国外给出了不低的 8 分，主要扣分点还是在技术上的瑕疵，认为修补之后会更好。

在具体评价上，IGN 中国用《敢问路在何方》的歌词做点评：踏平坎坷成大道。3DM 游戏表示天命人会"青史留名"。机核网表示，即使是发售前最激进的"猴吹派"，在成品面前也会显得有些保守，机构评测员表示："《黑神话：悟空》是近几年来我体验过的最出色的动作冒险游戏，没有之一。"

而在冯骥看来，这一切都可归结于三个字："试试吧"。

按照已有的完整通关的反馈来看，《黑神话：悟空》配得上"量大管饱"四个字。IGN 中国透露，玩家若潦草

IGN 中国评测员对游戏的评价

完成主线和支线任务，仅通关就需要 30～50 小时，如果要深入完整地体验，至少要 100 小时。

游戏中涉及的大小妖怪有近百个，绝大部分小妖有自己独特的外形，动作模组也各有不同。此外，各个关卡的头目总数超过 50 个、妖王超过 30 个，大多是《西游记》里耳熟能详的角色。

以近年来较为成功的 3A 游戏作对比，《最后生还者 2》开发时间长达 6 年，耗资 2.2 亿美元，《艾尔登法环》开发时间 4 年，耗资超 5000 万美元。考虑到游戏科学从零开始探索，仅用 6 年半时间能拿出完成度那么高的作品，已经创造了不小的奇迹。

"他们是我见过最拼的团队。"根据游戏科学的一位合作方回忆，"有段时

游戏战斗画面

间,他们几乎过着日夜颠倒的日子。许多沟通只能在深夜进行。"他也见过游戏科学搬来杭州,项目刚起步那会儿的窘迫,因为名气不够大,到处托人找合适的人才。

2020年那会儿,冯骥和杨奇决定发布首款实机演示视频,也是为了招人。当时距离《黑神话:悟空》立项已过去了两年多时间,而游戏科学的核心开发团队不过区区30多人。

他们像玩叠高高游戏一样,小心翼翼地把一块积木放到另一块积木上面,一旦快了就容易坍塌。比如,2018年5月,他们尝试搭建第一个基础场景,实现最基础的打斗;成功之后再尝试做一个试验性关卡,也就是首段实机演示视频里的花果山;2019年,团队增加到20人左右时,开始做"一个完整的关卡体验",即演示视频里的黑风山……

冯骥曾用三个"不知道"来形容与上述相关的三段经历:当写完第一个宣传片的剧本时,我不知道怎么才能把这个视频做成一个能玩的关卡;当完成第一个可以内部测试的关卡时,我不知道把整个故事都变成这样的关卡,代价有多大;哪怕已经有了一个看似完整的故事,我还是不知道要让它变得稳定、流畅,适配不同软硬件平台与十几种语言,再发行实体版,到底意味着什么。

游戏科学做的第一个试验性关卡——花果山

游戏中黑风山地图场景

现在,许多"不知道"都有了答案。

■ 幸好有顽强的伙伴

尽管如此,《黑神话:悟空》仍然有大量可以改进的地方。IGN国外表示,这款游戏"尽管存在一些令人沮丧的技术问题,但依然是一款伟大的动作游戏,拥有精彩的战斗、令人兴奋的Boss(头目)、诱人的情节和美丽的世界"。评测人员建议游戏科学尽快发布补丁,修补一些问题,他会诚意十足地向更多人推荐这款游戏。

这可能就是冯骥所说的"力有未逮"的遗憾。所有玩家都知道做一款3A大作的难度很高,但只有真正参与制作的人才知道难点究竟在哪儿,实际又有多难。

冯骥曾表示，有些事情国外 3A 大厂 10 年前就做得无懈可击，他们却始终不得要领。他也看到了国内外游戏人才的差距，羡慕传闻里顽皮狗工作室的美术和技术美术比例达到了 1∶1，憧憬如果有足够多的经验和人才，可能就不用为某个关口的设计耗上几个月，最终选择放弃。

作为老游戏人，冯骥特别清楚美术和技术的重要性。他在 2007 年那篇《谁谋杀了我们的游戏？》里提到，技术决定游戏的时代并没有完全过去。在游戏性已经积累了厚厚的基本规则后，技术高低仍是游戏是否热卖的决定性因素。他也清楚地知道那些大厂精妙的解决方案不是一天就有的，即使游戏科学打开了一些黑盒，"但他们有很多代产品的迭代，这事儿没办法速成。"

这也是他们再次联手腾讯的重要原因之一。2021 年 3 月，当游戏科学接受腾讯投资的时候，不少粉丝想起了那年被《斗战神》支配的恐惧，觉得"这事完了"。因此，冯骥不得不在微博上公开一些合作细节。他说在第一支视频爆火后，腾讯第一时间找上门，表达了投资的兴趣，并且承诺不会对开发做任何干扰，除了钱还会提供一些技术支持。

那年，面对记者"是否给了游戏科学高溢价"的提问，腾讯游戏高级副总裁马晓轶予以了否认。在他看来，并不是腾讯给溢价，而是游戏本身的市场价值提升了很多。"归根结底，3A 游戏研发团队很值钱，3A 游戏市场更值钱，突破了平台、硬件的桎梏后，3A 的盘子将会越来越大，商业价值自然也就水涨船高。"

研发团队的价值远不只体现在技术层面。在游戏发售的三个月前，冯骥发了条微博，感慨："依然满目疮痍，遍地狼藉，BUG（漏洞）列表肉眼可见地越来越多……"但每当他焦虑万分的时候，抬头看见边上的同事很专注地玩着一款画面不错、战斗也挺精彩的"陌生游戏"，就会有点恍惚，也有点释然。

那自然是一步步变强大的黑猴。文末，冯骥说："我们有幸在这条路上收获了很多目光，更有幸与一群如此顽强的伙伴同行。"

游戏中黑风山战斗场景

■ 黑神话只是开端

对这群顽强的人来说,《黑神话:悟空》不是终点,而是起点。

此前,某位曾准确爆料《黑神话:悟空》情报的推主表示,游戏科学将开发《黑神话》系列三部曲。

蛛丝马迹就藏在他们注册的商标里。2020年开始,游戏科学注册了一系列"黑神话"相关商标。除了"黑神话悟空",还有"黑神话钟馗""黑神话小倩""黑神话山海""黑神话搜神""黑神话大荒",还包括同样在中国神话体系里拥有举足轻重地位的姜子牙,即

游戏中小西天战斗场景

"黑神话姜子牙"。

这既非《黑神话：悟空》首支预告片爆火之后的"信心爆棚"，也不是心血来潮的临时起意，而是埋藏在主创团队内心深处多年的心愿。

早在 2012 年左右，冯骥意气风发地参加了《斗战神》的媒体与粉丝见面会。当时他提出一个野心：以《斗战神》为切入点，融入国外成熟的架构，通过各种游戏形式，不断拓展出更大、更符合中国文化的架构，最终做一个严谨的泛中国神话体系。

现在，这根曾经掉落的接力棒被黑猴捡了起来。而它身后也闪现着越来越多同样奔跑在 3A 赛道上，其他国产游戏的身影。

在《黑神话：悟空》宣发的同期，一款名为《影之刃零》的黑暗武侠单机游戏也迅速在国内外走红。它由国产团队"灵游坊"自主研发，和当年的黑猴一样，已经公布了长达 12 分钟、令人振奋的实机演示视频，也举办了小规模的试玩会。

在此前结束的 2024 年哔哩哔哩世界展会（Bilibili World 2024）上，灵游坊创始人、《影之刃零》制作人梁其伟在接受媒体采访时谈到了"时间点"。他觉得，国产游戏再次进入一个追求品质、创作、创意和文化输出的新周期，《黑神话：悟空》就是标杆产品。"我觉得我们中国的文化到了那个势头以后，一定会有这样的产品出来。"他说黑猴一脚把门踢开了，后面肯定不止《影之刃零》一款，"我看到有很多其他的同行也在跃跃欲试。"

数天后，他在接受外媒采访时重申："我认为《黑神话：悟空》将会大获成功，并且会有更多中国游戏接踵而至。我认为它们都会成功，这就是趋势。这绝对是一个开端，会有越来越多中国开发者投身其中。"

正如冯骥所说：踏上取经路，比抵达灵山更重要。

（本文部分内容参考了触乐网祝佳音所作《如今我风华正茂：游戏科学是如何制造〈黑神话：悟空〉的》一文。）

（游戏图均来自官网）

后记

本书的名字"未来已来",和都市快报颇有渊源。2017 年,我们对标"西南偏南"推出了自有 IP 未来生活节,希望用"人文 + 科技"的方式呈现数字技术对美好生活的赋能,至今已经成功举办了 8 届。

首届活动以一场人工智能高峰论坛开启,名字就叫"未来已来"。当时的背景是 2016 年阿尔法狗(AlphaGo)横空出世,一年后的乌镇围棋峰会上,它轻松击败柯洁,宣告了人工智能在棋类运动上对人类的超越。

当时,许多乐观的人认为,人工智能时代已经开启。没想到堪称奇点的一刻要到 6 年半之后,也就是 2023 年年底才正式到来。

新质生产力概念的破土而出是建立在以数字经济为代表的新的发展模式和以人工智能为代表的新技术不断产出硕果、实现突破的基础上。

正如我们每次在未来生活节宣传时都会引用管理学大师彼得·德鲁克的一句话:"预测未来的最好方式就是创造它。"

对我们来说,2024 年最大的收获之一,就是目睹和记录了一群新质生产力青年如何用各自的方式打开未来,让"未来已来"不再只是一句漂亮话。在他们身上,我们切实感受到了作为社会中坚力量的青年人从改变自己到改变世界的自信。

就像《黑神话:悟空》制作人、游戏科学创始人冯骥所说:"做具体的事,做困难的事,做相信的事。在做这些,当然应该自信。"

除了他们,本书和系列报道的出炉还得感谢杭州市网信办、共青团杭州市委、杭州各区委宣传部等部门的大力支持,为我们提供了源源不断的人才信息。

同时,也感谢报社领导的支持。"九千光年"的想法最早来源于杭州日报社党委书记、社长谭飞,杭州日报集团党委委员、副总编辑、都市快报党委书记项辉帮忙嫁接了人才办等部门的资源,都市快报总编辑胡红斌则深度参与了整组报道的策划与执行。

都市快报 九千光年小组

2024 年 12 月